メンタルが弱い人は

「転職」「副業」で人生を変える！

メガネ転職コンサル　転職YouTuber
池田佑樹
Yuki Ikeda

クロスメディア・パブリッシング

プロローグ

転職するあなたはヤバい、転職しないあなたもヤバい

いきなり辛辣な意見で申し訳ありません。しかし、これからの変化が激しい社会で生き抜く上では**「転職するあなたはヤバい、転職しないあなたもヤバい」**という考え方は紛れもない事実です。

これからは転職だけで豊かになれる時代ではありません。また副業だけしていても豊かにはなれません。ましてや古い価値観のまま「転職しない人」「何もしない人」はさらに危険です。ですが、本書を手に取っていただいたあなたは、きっと大丈夫ですので安心をしてください。

「メンタルが弱い人こそ、転職と副業の2軸思考を実践して新時代を豊かに過ごせるように人生を変えよう」これが本書で伝えたい、令和時代ならではのメッセージです。

本題に入る前に、少しだけこれからの労働価値観の変化についてお話しさせてください。あ

なたはいま社会が激しく変化をしていることに気づいているでしょうか？　実は現在、第四次産業革命の真っただ中にあります。

簡単に歴史を振り返ると、以下の通りです。

・第一次産業革命（18世紀）……軽工業の機械化（綿織物、蒸気機関など）
・第二次産業革命（20世紀初頭）……石油・電力の登場（自動車、電話など）
・第三次産業革命（1990年代）……デジタル革命（コンピュータ、工場ロボットなど）

そして現在が新時代の第四次産業革命にあたります。第四次産業革命を一言で表現すると「人間とテクノロジーの融合」です。

具体的には、物のインターネット化（IoT）、人工知能（AI）、ブロックチェーン（仮想通貨）、自動運転、仮想現実、空飛ぶ車、シェアリングエコノミー、スマートシティ、3Dプリンター、ナノテクノロジー、バイオテクノロジー、量子コンピュータ、生物工学などといったキーワードが挙げられます。

分かりやすく言うのであればSF映画の世界が現実化していくような社会です。なお、これは僕の妄想の話ではありません。実際に第四次産業革命「人間とテクノロジーの融合」についてはすでに内閣府が大々的にホームページで「Society 5.0」として公表をしています（図1）。つまりテクノロジーの進歩はSFや妄想の話ではなく、国単位で進めている確実に訪れる未来ということです。

あなたはこの話を聞いてワクワクするでしょうか？
自分がついていけるのか不安でしょうか？
それとも気味が悪く怖いと感じるでしょうか？

ここで大切になってくるのがあなたの「行動」と「選択」です。

「人間とテクノロジーが融合する」＝「変化のスピードが激しい時代になる」
そしてここから2種類の人種に分断されます。

【図１】Society 5.0とは

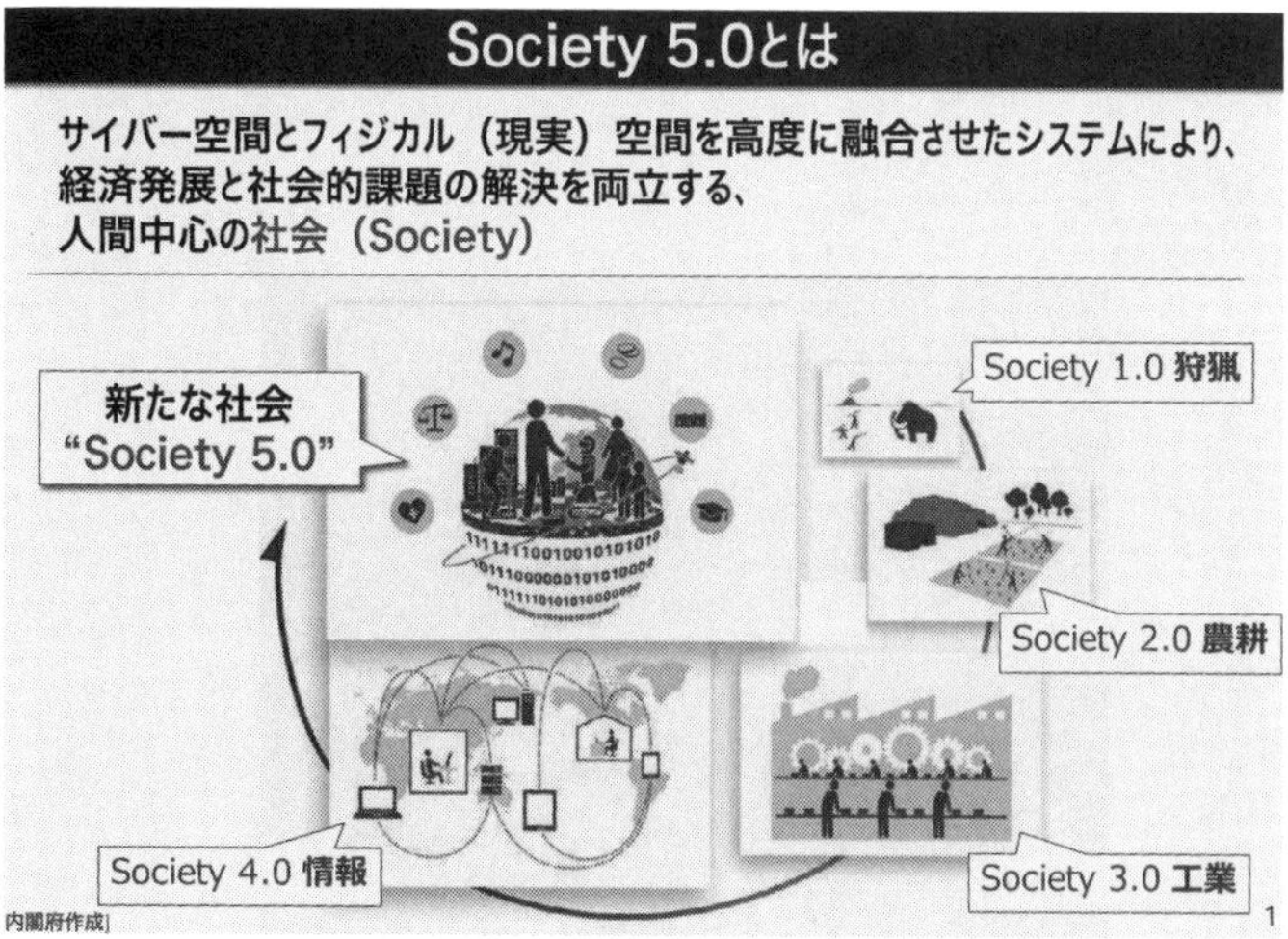

出所：内閣府ホームページ（https://www8.cao.go.jp/cstp/society5_0/society5_0-1.pdf）より

①変化のスピードに取り残されて心身ともに貧しくなる人
②変化を受け入れ「進化」をして心身ともに豊かになる人

この2択があなたの未来を豊かにするのか？　あなたの未来を貧しくさせるのか？　運命の分かれ道となります。つまり、いままでの古い価値観のままで働く人はどんどん貧しくなり、新時代の価値観にアップデートできる人は豊かになれるということです。

そして新時代を豊かに過ごすのに重要なのが「転職」「副業」の2軸思考です。この2軸をどのようなバランスで考え、計画・実行していくのか。それが本書が指し示す地図になります。

また本書は、とくにメンタルが弱いと自覚している人に読んでほしいと考えています。なぜなら、**メンタルが弱い人こそ労働価値観の転換が必要となり、なおかつ新時代を生き抜くうえで最も適性が高い人だからです。**

ここで勘違いしてほしくないのが、本書はこれからテクノロジーが発達するから「エンジニア」「データサイエンティスト」「ＩＴコンサルタント」などの職業に転職をおすすめする訳ではありません。また小手先の転職テクニックを紹介する転職本でもありません。さらに本業と副業をかけ合わせて年収１０００万円超えを目指そうという、いわゆる高年収至上主義をすすめる書籍でもありません。

本書は「転職」と「副業」によって物質的な豊かさを得るだけではなく、本質的にあなたの価値観に合った、平穏で豊かな気持ちで生きるための方法論を提供する書籍です。

・メンタルが弱くいまの仕事がつらい
・短期離職を繰り返し、自信を失った
・自分の天職を見つけたい
・将来に漠然とした不安を持っている
・転職したいと思っているけど怖くて踏み出せない
・いつか転職をしたいと思っている

このような人にとくに参考となる書籍です。
本書を読んで実践していただければ、以下のことが叶えられます。

・新時代の労働の価値観を知ることができる
・転職と副業の2軸思考を理解し、経済的・精神的に豊かになれる
・つらい仕事から脱却する勇気と行動力を得られる
・メンタルが弱い人がどう生きればよいかが分かる
・よい転職、ハッピーな未来に繋がる

ぜひ仕事がつらくなったときや転職活動がうまくいかないときに繰り返し読んでいただければ嬉しいです。

＊　＊　＊

ご紹介が遅くなりましたが、簡単に自己紹介をさせてください。
大学卒業後の僕の職歴は以下になります。
・1社目：機械メーカーにて法人営業を約5年
・2社目：人材紹介会社の転職コンサルタントを約5年
・3社目：父が経営する人材紹介会社にて転職コンサルタントを約2年半

・4社目：父が急死したことをキッカケに2020年2月に転職コンサルタントとして独立
現在は人材紹介事業ではなく、転職に関する相談やアドバイスの仕事を中心にしています。転職YouTuberとしての知名度・影響力が一番大きく、「メガネ転職コンサル」として活動をしています。

なお、僕自身も「転職」と「副業」の2軸思考を実践して独立をしました。そして現在は、本書の目的である「経済的・精神的に豊かに暮らす」ことができています。

ですので、本書で書いている内容は机上の空論ではなく、僕の実体験がベースとなっています。さらに僕の成功体験だけでなく、いままで相談に乗ってきた2000人以上の人たちの事例を含めているため、現実的かつ信頼性のある内容になっていると自負しています。

＊　＊　＊

本書の構成ついて簡単に説明します。

第1章　「働き方」の何が問われているのか？　では、いままでの労働の価値観、そして未来の労働の変化に対して、どう行動し考えなければいけないのか？　この点について解説をしています。なお「これからの社会と労働の価値観」と聞くと、つまらなそうな印象を持つと思いますが、安心してください。難しい言葉は使わず、身近な言葉でスラスラ読めるように書いています。第1章を読んだ方が本書の内容を深く理解できると思いますが、本筋だけを知りたい人は第2章から読んでいただいても問題ありません。

第2章　メンタルが弱い人の「転職」の考え方は、これからは労働価値観の変化が激しく、いままでの古い転職論では通用しないという前提で書かれています。時代に合わせたアップデートが必要です。そして自分の天職に出合い、経済的・精神的に豊かで安定した生活の礎を築く方法論を説いています。

第3章　メンタルが弱い人の「副業」の考え方では、副業の目的や副業の選び方、副業のやり方などについて書いています。いまは副業ブームで表面的な「おすすめの副業」の紹介や、やり方などの情報が氾濫しています。しかし、本書ではそのような短期的な副業ではなく、長期目線で考えた「楽しみながら稼ぎ、人生を充実させる副業の考え方」について書いています。ぜひ副業をただの小遣い稼ぎと考えず、人生を豊かにするゲームととらえて楽しんでください。

第4章　新時代のキャリア論「パーソナルキャリア」のつくり方は、どんな業界、どんな職業でも通用する、パーソナルキャリア（普遍的な人間力）を磨きましょうという内容です。転職と副業の両方にチャレンジすることで、いままでにはなかった発想・感覚・ビジネスセンスを身につけることができます。これは言い換えるなら、現代社会を生き抜くサバイバル術といってても過言ではない根源的なスキルです。ぜひこのパーソナルキャリアを身につけて、仕事だけでなくプライベートや良好な人間関係にも役立てていただければと思います。

第5章　メンタルが弱い人こそ最強であるは、時代はメンタルが強い人を求めている訳ではなく、むしろメンタルが弱い人にこそチャンスがあるという考え方と理論について書いていいます。メンタルが弱い人がその特性を上手に活かし転換できれば、現代において最強の生存戦略になります。「メンタルが弱い」と自覚されている読者の皆様へ向けたメッセージとなっています。

なお本書は、読むことが目的ではなく、実践しなければ価値のない書籍です。

「行動」×「改善」×「継続」これがすべてです。

「自分はメンタルが弱い」と自覚しているあなたが、本書によって素晴らしい未来をつくっていただけたら、著者としてこれ以上の喜びはありません。ときに厳しい話もありますが、ぜひ楽しみながら一緒にハッピーな未来を歩んでいきましょう。

メガネ転職コンサル　池田佑樹

第2章 メンタルが弱い人の「転職」の考え方

第3章

メンタルが弱い人の「副業」の考え方

第4章

新時代のキャリア論「パーソナルキャリア」のつくり方

第5章 メンタルが弱い人こそ最強である

第1章

「働き方」の何が問われているのか？

1-1

経済の見通しは暗いという事実のなかで

この章では、なぜ新しい働き方と価値観が必要になるのか？　この点について分かりやすく解説します。暗い話が多くなってしまいますが、メンタルが弱い人こそ、これからの日本の現実を知ってほしいです。そしていまのうちから準備・対策をして、ハッピーな未来をつくっていきましょう。

これからの日本はすごいスピードで変化し、新しい労働価値観が生まれます。**そしてこの変化に気づき、自分自身をアップデートできなければ、職を失い、生活することが困難になっていくでしょう。**

しかし日本人は、保守的な国民性でリスクを極端に恐れ、変化を嫌う人が多い国です。ですから、多くの人々は未来のリスクに薄々気づいていても、行動できる人は少ないです。ここでいったん話を整理しましょう。世の中の人を大雑把に大別すると以下になります。

・時代の変化に気づいて行動できる人

・時代の変化に気づかず何も行動しない人

そして一番危険なのが「時代の変化に気づいているけど行動しない人」です。

あなたは現在このような状態で、いまいる職場で漫然と仕事をし、将来のことを考えず、何も行動をしていないのではないでしょうか？

・会社の将来性が不安だけど、何もしていない
・専門性が低い仕事をしているけど、何もしていない
・いまの会社でずっと働きたくはないけど、何もしていない
・副業したいけど禁止されているから、何もしていない
・やりたい仕事は別にあるけど、何もしていない
・年収が低いけど、何もしていない

もしあなたがこの項目に多く当てはまっているのであればラッキーです。なぜなら本書をキッカケに自分自身をアップデートし成長できる可能性が高いからです。

繰り返しますが「何もしない人」「行動しない人」は変化の激しい時代についていけず貧しくなります。国や会社に依存できないビジネスサバイバル時代を生き抜くことができません。

【図２】日本の将来推計人口

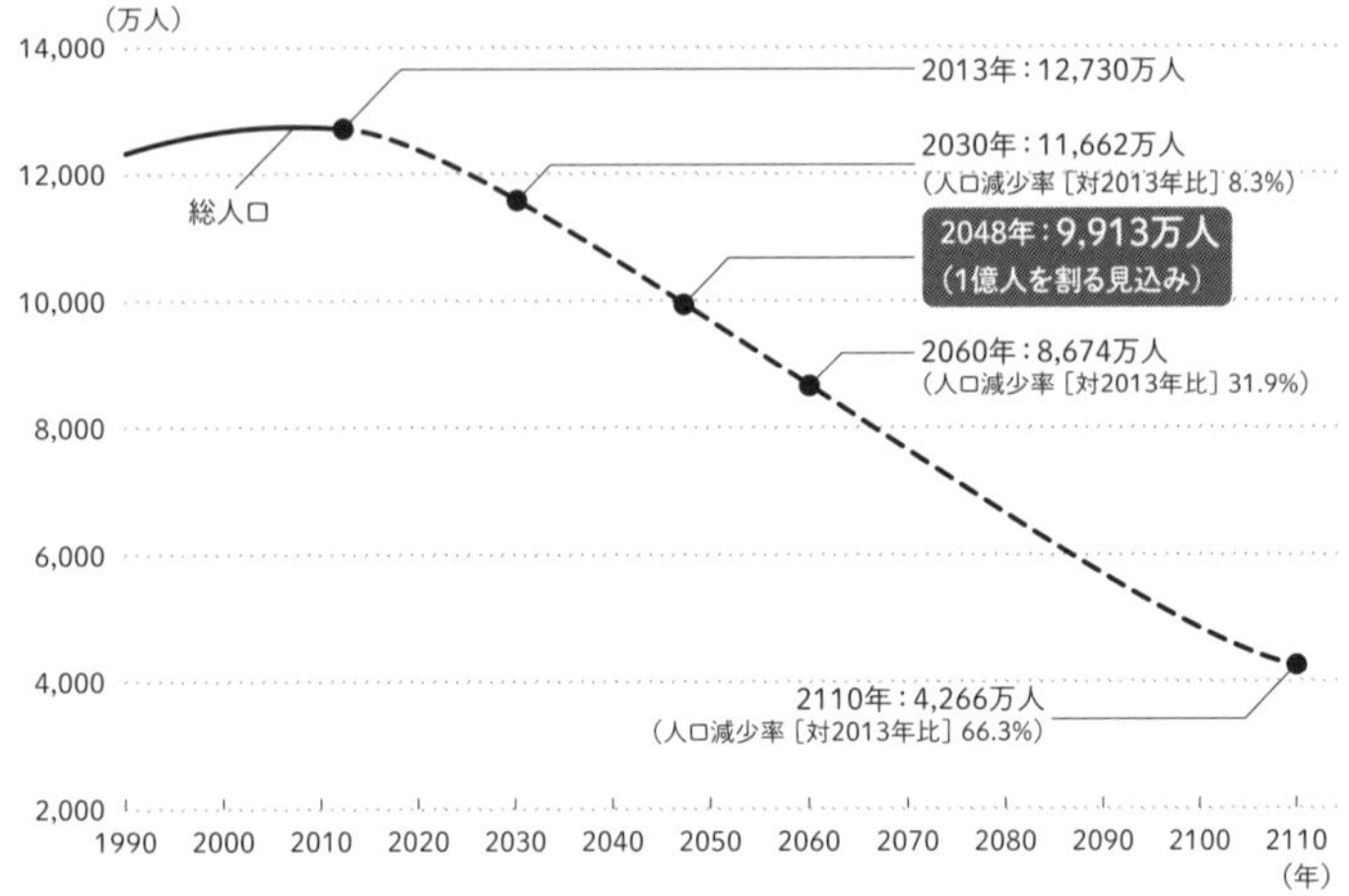

出所：内閣府

ここからは具体的な話をします。あなたは日本企業の時価総額（会社の価値を測る指標）が現在どんな状態にあるか知っていますか？

１９８９年の世界時価総額ランキングＴＯＰ50では日本企業が32社ランクインし、なんとＴＯＰ５を日本企業が独占していました。しかし、２０１９年４月の世界時価総額ランキングでは50位以内に入った日本企業はたった1社。トヨタだけです。ランクインしている企業はほぼアメリカと中国でした。

なお業種別で見るとＩＴ・通信系が14社で一番多く、上位10社にはＧＡＦＡやアリババ、テンセントなどのＩＴ・通信企業がランクインしています。

【図3】日本のバッドサイクル

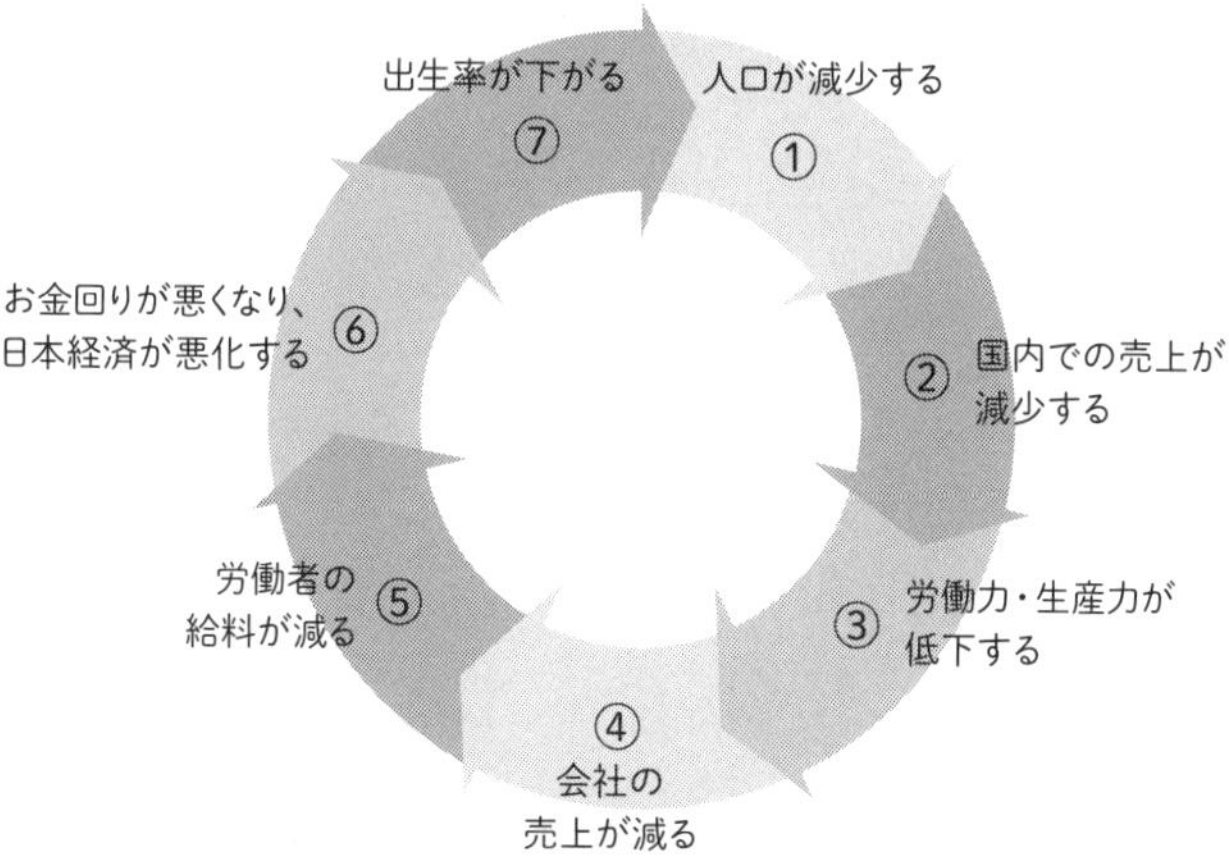

世界時価総額ランキングから考察すると、日本企業は「世界で負けている」という現実が分かります。

さらに日本経済の決定的で残念な話があります。それが人口減少です。日本の人口減少が進むことで、間違いなく経済は衰退していきます。内閣府の発表によると2013年の日本人口は約1億3000万人。そして2050年には1億人を割る見込みとなっています（図2）。

「人口減少と経済がなぜ関係あるの？」あなたはこのように思われたかもしれません。しかし、人口減少と経済はイコールになるくらい直結する関係です。日本経済に及ぼすバッドサイクル（図3）を簡単に説明します。

①人口が減少する→②国内での売上が減少

する→③労働力・生産力が低下する→④会社の売上が減る→⑤労働者の給料が減る→⑥お金回りが悪くなり、日本経済が悪化する→⑦出生率が下がる（図3①～⑦をループ）。

このような負のスパイラルに入ってしまい、人口減少は経済悪化に直結するという考え方です（分かりやすくするため、だいぶ簡略化しています）。

そしてこれだけでは終わりません。人口減少だけでもかなり厳しいですが、さらに高齢者の比率が高くなっていきます。

どういうことか？　つまり高齢化率が上昇すると、労働力・生産力を生み出す人口比率が下がるため、日本経済はさらに苦しい状態になっていくという予測です。

このように、間違いなくこれから訪れる未来を考えると、日本は衰退していく可能性が高いと言えます。しかも、日本経済を復活させる打開策が見当たらないと僕は考えています。

だからこそ私たちは**「これからは国や会社に依存せず自分の身は自分で守らねばならない」**という考え方が必要となり、いまのうちから準備をしていくことが大切です。

その鍵になるのは「転職」と「副業」です。

1-2

終身雇用はすでに崩壊している

終身雇用崩壊はいたるところで言われていますが、僕が言いたいのは「終身雇用はいつか崩壊をする」という話ではありません。**「終身雇用はすでに崩壊している」**という話です。

そもそも終身雇用とは何なのか？　簡単に説明をすると「会社が従業員を定年まで雇用する制度」のことを指します。なお終身雇用制度は法的効力がなく、あくまで企業努力のひとつです。

もともと終身雇用とは、１９５０年代後半からの高度経済成長期に優秀な人材を囲い込み、他社との競争に負けないよう年功序列型賃金とセットで導入され定着しました。

つまり「ウチに入ってくれれば長く勤めれば勤めただけ高い給料を出すから定年まで働いてほしい」という**高度経済成長期だったからこそできた人材獲得戦術**でした。

終身雇用が定着する前は、**工場で働く労働者が給料のよい工場へ転職するのが当たり前の時代**でした。重要なので繰り返します。転職が当たり前の時代だったのです。

しかし、これでは能力の高い人材が職場に定着せず、会社の採用や人材育成にかかる負担が大きいため、国単位で職場の人材定着化を進めました。そこで誕生したのが「終身雇用制度＋年功序列型賃金」です。

会社側の終身雇用制度のメリットは、長期的視点で人材を育成し、従業員を定着させることです。反面デメリットは、勤続年数の長いパフォーマンスが悪い社員であっても給料を上げなくてはならず、クビを切れない状態になってしまうことでした。このように終身雇用制度は経営状態がよいときには頼もしい制度ですが、経営状態が悪いときには、人件費の負担が膨らむ会社存続のリスクとなります。

そして、このリスクが現実に起こりました。順番に経緯を追ってみましょう。

①高度経済成長期に終身雇用制度が定着
②人材が定着し日本経済が大きく成長
③１９９０年代後半から徐々に日本経済悪化

④年功序列制度を続けると経営破綻となる会社続出
⑤多くの大企業もリストラを実施
⑥実質、終身雇用制度が崩壊

このような経緯から終身雇用制度はすでに崩壊していると言えます。この決定打となったのが2019年5月の経団連の中西宏明会長（当時）の発言でした。

「終身雇用を前提に企業運営、事業活動を考えることには限界がきている。外部環境の変化に伴い、就職した時点と同じ事業がずっと継続するとは考えにくい。働き手がこれまで従事していた仕事がなくなるという現実に直面している」

中西会長の「終身雇用制度見直し発言」は大きな波紋を呼び話題となりました。そして注目すべきなのが、この発言は2019年5月で、コロナウイルスが発生する前の話だという点です。うやむやにされている印象がありますが、日本経済が悪化したのはコロナウイルスが原因ではありません。

つまり、**コロナウイルス発生前からすでに日本経済は終身雇用制度が崩壊するほど悪化していた**ということです。

これが終身雇用制度崩壊から考えた日本の現状です。つまり我々一般労働者が知っておかなければならないのは以下のことです。

・日本経済悪化が加速
・終身雇用制度はすでに崩壊
・会社に依存することはもうできない

以上のことから、**高度経済成長期のシステムを引きずった労働価値観は現代社会ではもう通用しない**ということです。言ってしまえば変化の激しい時代で、数十年前のシステムが合わなくなるのは当たり前の話です。

だからこそ、新しい労働価値観が必要なのです。そして、あなた自身のアップデートが必要になってくるのです。

1-3

政府の副業推進の真意は？

あなたは政府が副業推進をしていたことは知っていたでしょうか？　**政府の副業推進は2018年に働き方改革の一環として発表された施策でした。**なお副業推進の表向きの目的は「柔軟な働き方を実現するため」とされており、副業のルール化はどんどん進んでいます。

実際に2020年9月には厚生労働省から「副業・兼業の促進に関するガイドライン」(改定版)の発表があり、このガイドラインでは副業・兼業時の労働時間管理や健康管理についてのルールが明確化されました。

「でも、うちの会社は副業解禁なんてしていないけど……」あなたはこのように思ったかもしれません。事実、副業を解禁している会社はまだ少ないのが現状です。

なぜなら経営者視点で考えると「社員には副業なんてせず自社の仕事に全力を尽くしてほしい」と考えているからです。つまり**「副業なんてさせたくない」というのがほとんどの経営者の本音です。**

【図４】兼業・副業に関する推進・容認の割合

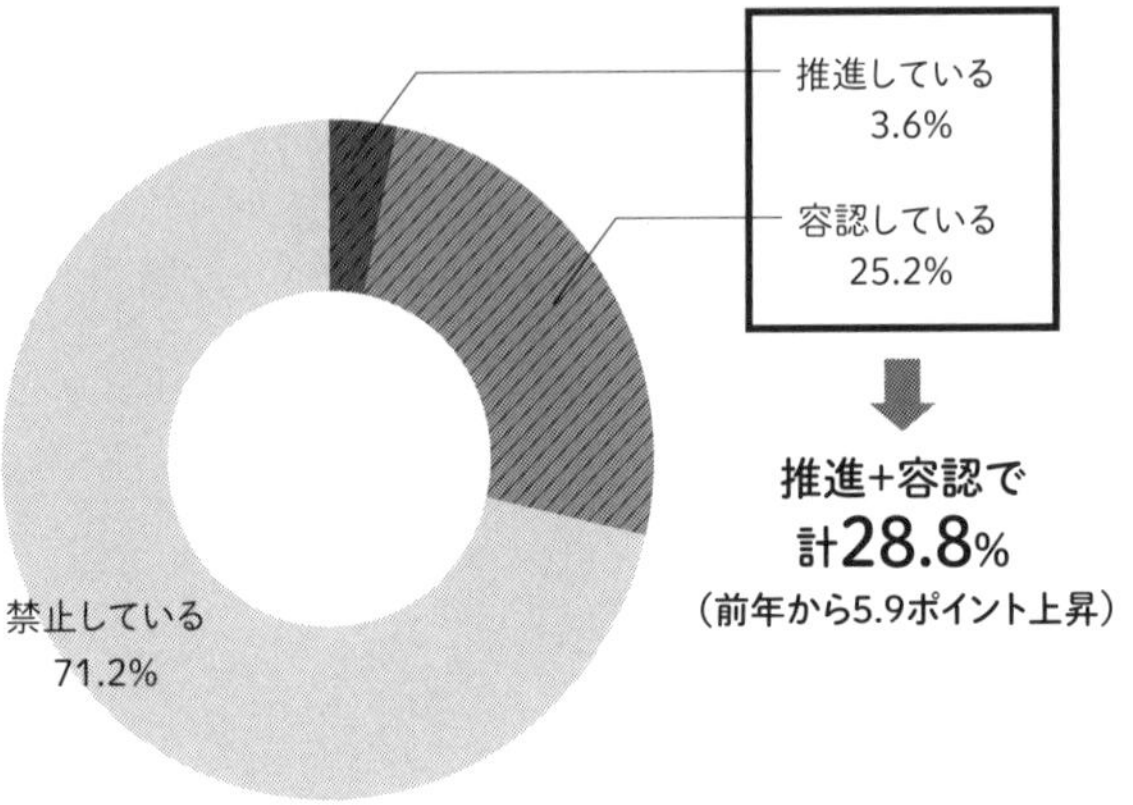

出所：リクルートキャリア「兼業・副業に対する企業の意識調査」（2018年）より

実際にリクルートキャリアなどが発表した「副業解禁をしている会社の割合調査」を見てみると、７割の会社が副業を禁止したままです（図４）。

このデータを見ても分かるように政府が副業解禁を推進しても、実際に副業を解禁している会社は、たったの３割弱しかないというのが現実です。

では、副業をしている人の割合はどれくらいなのか？　各調査データを確認したところ現在、副業をしているのは15％未満という結果がほとんどでした（図５）。

【図５】副業経験（n＝10,000）

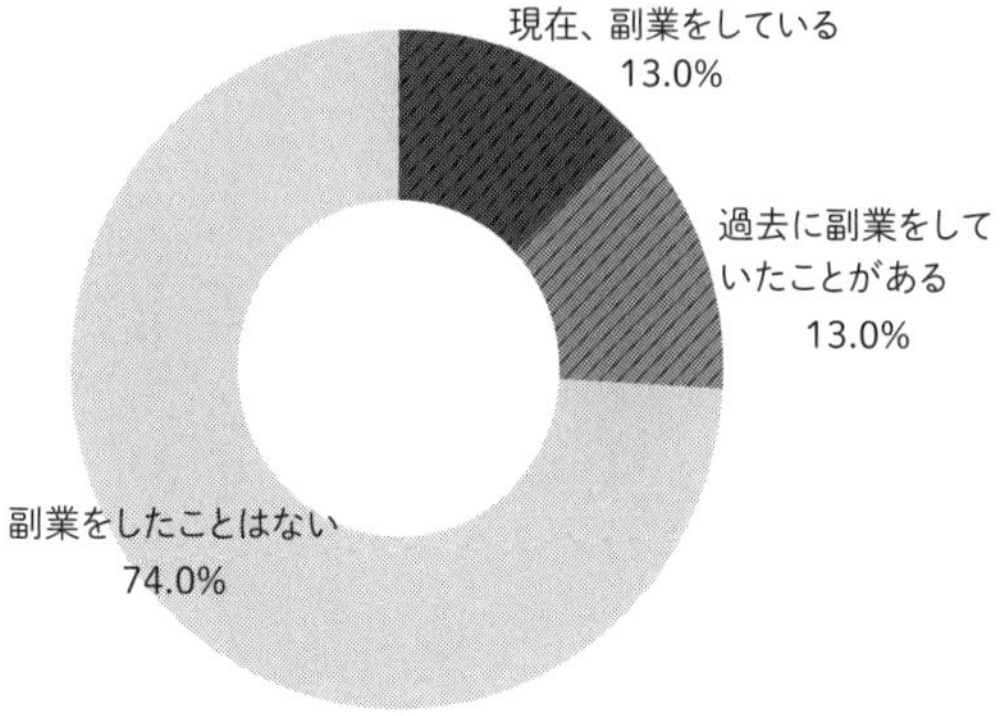

【図６】副業の月収入（n＝1,000）

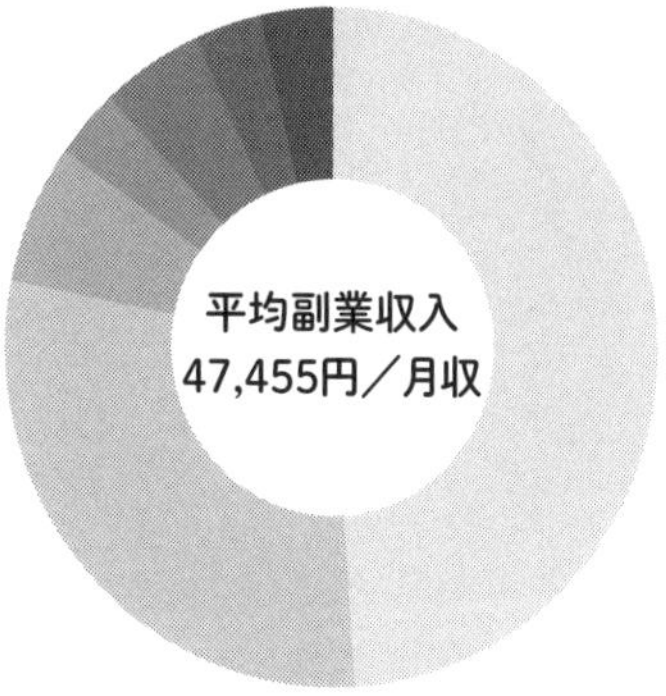

10,000円未満：49.1%
10,000円以上～30,000円未満：29.1%
30,000円以上～50,000円未満：6.7%
50,000円以上～80,000円未満：3.3%
100,000円以上～150,000円未満：5.0%
200,000円以上～300,000円未満：3.3%
300,000円以上：3.5%

出所：SKIMA調べ

なお副業している人の副業の平均月収は、1万円未満が約50％、1万円以上3万円未満が約30％という割合です。どの調査結果を見ても同じような結果でした（図6）。

この結果から分かるように、副業実態としては以下の通りです。

・日本の7割の会社が副業を解禁していない
・実際に副業している人は15％未満
・全体の約80％が月3万円未満の副業

ではそもそもなぜ政府は副業解禁を発表したのか？　副業解禁の真意は「柔軟な働き方を実現するため」ではありません。ここが一番伝えたいポイントです。

副業解禁の真意は「終身雇用はもうできない」です。

もっと分かりやすく言えば「日本はこれから厳しくなるから、個人でも稼げるようにしておきなさい」という政府からのメッセージです。

それを証明するような企業のトップからの発言は以下です。

・前項でも話した経団連の中西会長の終身雇用の見直し発言
・2019年、世界に誇る自動車メーカー・トヨタの「終身雇用を守っていくことはできない」発言

気づいていない人がほとんどですが**「本業だけでは苦しくなるから、副業しないと貧しくなるよ」これが企業のトップ・政府からのメッセージです。**

しかし現実は副業をしている人はたったの15%未満しかいません。

観点を変えれば、労働価値観の変化に対応できている人が15%未満しかいないとも言えます。

極端に言えば、85%の人が貧困になる可能性があるとも言えます。

しかし前向きに考えれば、**副業を始めるだけで日本の上位15%以内に入れるという見方もできます。ここに労働価値観のアップデートの意味があります。**

日本政府はこれから厳しい時代に入っていくことを理解しています。しかし日本政府がネガティブな発言をしてしまうと、株価や景気、海外から見た日本の評価などに悪影響を与えてしまうリスクがあるため、直接言えない立場にあります。

このような背景もあるため、皆さん一人ひとりが真実を見抜く目が大切になります。副業推進の真意は「柔軟な働き方を実現するため」ではありません。副業推進の真意は「日本経済はこらから苦しくなるから個人でも稼げるようにしてほしい」という政府からの国民へのメッセージなのです。

この真意を聞いてあなたは何を思うでしょうか？

1-4

ジョブ型雇用の時代は転職が当たり前!?

これからの労働価値観の変化を理解する上で、ジョブ型雇用は絶対に知っておきたい項目です。なぜなら、**これからは間違いなくジョブ型雇用の時代になっていく**からです。

「ジョブ型雇用ってそもそも何なの？」と感じている人もいると思うので、ジョブ型雇用について分かりやすく説明をします。

ジョブ型雇用とは専門スキルを持っているスペシャリスト採用を指し、すでに欧米では一般的な雇用形態です。例えば、以下のようなことです。

・ＡＩエンジニアを採用したい
・データサイエンティストを採用したい
・ＷＥＢデザイナーを採用したい
・栄養士を採用したい

・電気主任技術者を採用したい
・英語のできる営業マネジャーを採用したい

このような専門スキルを持ったスペシャリスト採用をジョブ型雇用と言います。また日本の採用方式はジョブ型雇用ではなくメンバーシップ型雇用、つまり新卒一括採用が主流です。

新卒一括採用は総合職として採用し、転勤や異動、ジョブローテーションなどを行い、「会社を長期的に支える人材を育成すること」を目的とした雇用制度です。こうした終身雇用を前提とした採用方針をメンバーシップ型雇用と呼びます。

前項でも説明をした通り終身雇用制度はすでに崩壊しています。終身雇用制度は、年功序列賃金と新卒一括採用をセットにすることで初めて成り立ちます。つまり終身雇用が崩壊することと、新卒一括採用を行わない企業が増えることは同義となります。

そしてジョブ型雇用こそ新しい労働価値観の象徴となります。なぜなら大企業をはじめ、多数の中小企業が終身雇用、年功序列、新卒一括採用、退職金制度などの**古いやり方ではこれからの厳しい時代を乗り越えていくことは難しいと考えている**からです。

つまり、いままでの古いやり方を変えていきたい経団連としてはジョブ型雇用が大義名分になるということです。分かりやすくするため時系列で説明をすると以下のようになります。

①これからの日本経済は厳しい↓②いままでの終身雇用制度では会社が持たない↓③終身雇用をやめるという宣言は反発を招くので避けたい↓④アメリカで主流のジョブ型雇用にしていくと掲げれば、反発を抑えながら年功序列、新卒一括採用、退職金制度をやめられる↓⑤様々なメディアでジョブ型雇用推奨の声が上がる↓⑥これからはジョブ型雇用の時代だと言われる

そして、転職がもっと当たり前になるということです。

なおこのジョブ型雇用は外資系企業ではすでに当たり前です。中途採用を積極的に行っている日系企業でもこのジョブ型雇用の感覚はすでにあります。ですので、人によってはジョブ型雇用という名称がついただけで「いままでの転職の感覚と変わらない」という人も多くいます。

僕がここで一番伝えたかったことは**「これからジョブ型雇用が推進される社会になる＝これから転職がもっと当たり前な時代になる」**ということと理解していただければと思います。

1-5

働き方改革の危険な実態

これからの労働価値観の変化においては、働き方改革についても知ってほしい項目です。まず働き方改革が何なのか？　分かりやすく解説をします。

働き方改革とは厚生労働省発表によると「働く人々が、個々の事情に応じた多様で柔軟な働き方を自分で選択できるようにするための改革」となります。

つまり、これからは様々な働き方を選択できるようにして「一人ひとりが幸せに生きられるような社会にしていこう」という施策です。

働き方改革の主な施策は8つあります。

①残業時間の罰則つきの上限規制
②5日間の有給休暇取得の義務化
③勤務間インターバル制度の努力義務化

④割増賃金率の中小企業猶予措置廃止
⑤産業医の機能を強化
⑥高度プロフェッショナル制度
⑦3カ月のフレックスタイム制
⑧同一労働同一賃金

では、そもそもなぜ働き方改革をするのか？　ここが非常に重要です。**理由は人口減少による国力低下を防ぐためです。**つまり、こういうことです。

・少しでも働ける人を増やし
・労働力・出生率を上げて
・労働生産性を向上させ
・日本の国力低下を防ぐ

前項でも説明をした通り、人口減少は日本経済・国力にとって非常に大きなリスクです。そして政府もこのリスクに当然気づいており、そのための施策が働き方改革となります。他にも労働力担保のために70歳定年法が企業の努力義務として可決されたりもしています。

そして、働き方改革の中でも大注目な施策が「同一労働同一賃金」です。同一労働同一賃金を簡単に説明すると、正社員と非正規雇用労働者間の不合理な待遇差の解消を目指す施策です。**つまり、正社員・契約社員・派遣社員・アルバイトであっても、仕事内容が同じであれば給料や待遇を同等にして格差をなくそうという施策です。**

この同一労働同一賃金は、労働市場全体の40%にあたる非正規労働者にはメリットがある施策です。具体的なメリットとしては以下になります。

・年収が上がる
・ボーナスが支給される
・通勤手当や住宅手当などが支給される

しかし、この施策は非常に危険だと僕は考えています。なぜなら正社員の価値が低くなるからです。つまり正社員を非正規労働者の待遇に下げる武器を経営層に与えてしまったのです。

現在は黒字でもリストラをしている大企業もあるくらい、無駄な人件費は会社経営にとって悩ましい問題です。そんな中、いままで採用していた非正規労働者の給料や待遇を上げなければなりません。さらにこの非正規労働者の「賃金アップ・待遇アップ」の財源は政府は負担してくれません。

つまり、同一労働同一賃金を本気で行うのであれば、①非正規労働者の待遇アップのために、②正社員の給料を切り下げ、③退職金、終身雇用等の財源の切り崩しを行う。このように正社員に負担・シワ寄せが及ぶ構図となります。

なお、これは僕の妄想の話ではありません。**実際に同一労働同一賃金を導入した日本郵政は、正社員の待遇を非正規労働者に合わせました。**これから経済が厳しくなっていく日本で、日本郵政のような非正規労働者に合わせる苦しい経営が続出してしまうリスクがあります。これは**ブラック企業に悪用する武器を与えてしまったという見方もでき、正社員の価値を下げる施策にもなるのです。**

むしろ、政府の狙いは正社員の価値を下げて、人材の流動性を上げることかもしれません。その真意は僕にも分かりません。

どちらにしても働き方改革の真意を理解することは、これからの労働価値観の変化を知っていく上で非常に重要な項目となります。あなたの労働環境は大丈夫ですか？　改めて考えてみてください。

1-6

正社員のメリット

ここまで日本社会において「労働の価値観は変化していく」という話をしてきました。もしかしたらあなたは同一労働同一賃金の話を聞いて「もう正社員で働く必要はないのでは?」と思われたかもしれませんが、決してそうではありません。**むしろ正社員という働き方が、これからも一番安定した働き方になると僕は考えています。**

これからも正社員が安定した働き方になる理由は次の5つです。

①キャリアとしての評価と信頼性が高い
②お金をいただきながらノウハウを獲得できる
③毎月、給料が安定してもらえる
④社会保障制度を会社が一部負担・管理してくれる
⑤社会的信用度が高い

勘違いをしてほしくないのが、僕はよく世間で言われている「正社員は安定して働けるからおすすめ」と言いたい訳ではありません。

僕が言いたいのは2点です。

①キャリアの評価が高く・信頼性も高い

②お金をいただきながら実績をつくり、ノウハウが獲得できる

繰り返しますが、これからは会社に依存することではなく、自分のスキルや専門性を磨くことが真の安定となります。**だからこそスキル・専門性を保証してくれる正社員としての経歴やキャリアは重要になるという考え方が大切です。**

例えば同じ会社に勤めるAさんとBさんがいたとしましょう。

・10年営業を経験してきた派遣社員のAさん
・10年営業を経験してきた正社員のBさん

仮に同じ成績だったとしても、転職で評価をされるのは間違いなく正社員のBさんです。これは仮に派遣社員のAさんの方が優秀だったとしても、正社員のBさんの方が転職市場では高く評価されます。これは派遣社員だけでなく、契約社員、フリーランス、業務委託だったとしても同じ話です。

採用側の正社員の評価は、こうなります。

・正社員として責任や裁量権などを持って頑張ってきた人だろう
・正社員として勤めている人の方がなんとなく安心できる
・正社員以外での実績はキャリアとしては信頼性に欠ける

このように正社員というだけでポジティブに評価をされるのが転職市場の現実です。

もちろん、実力主義のデザイナーなどの職業は別ですが、基本的には正社員至上主義という考えが転職市場にあります。少しずつ「ジョブ型雇用」や「同一労働同一賃金」などの影響から正社員のとらえ方は変化していくと思いますが、**「キャリアの信頼性が高いのは正社員」という感覚はしばらくは変わらないと僕は予測をしています。**

「これから専門性をつけてキャリアをつくりたい」と考えていて、正社員以外の選択に明確な意図がないのであれば、正社員でキャリアをつくることをおすすめします。

また正社員をおすすめしているのはキャリア形成という観点だけでなく、「正社員＋副業」という働き方こそが現代では最強の働き方だと考えているからです。

別章で詳しく話しますが、正社員という守りのセーフティーネットでキャリアをつくり、副業で楽しみながら、攻めの青天井の収入アップを狙う。「正社員＋副業」はこの攻守完璧な働き方ができます。

①キャリアの評価・信頼性づくり
②正社員＋副業で攻守最強の働き方ができる

この2点のメリットを活かし、正社員としてキャリアをつくりましょう。

1-7

これからの雇用形態と働き方

前項では正社員でキャリアをつくった方がよいという話をしました。しかし、これはあくまで「キャリアに専門性をつけたいのであれば」という考え方を前提とした話です。逆説的に聞こえるかもしれませんが、**正社員至上主義は時代遅れだと考えています。**

「正社員が一番よいという話ではなかったの？」とあなたは思われたかもしれませんが、**どこに目標があるかで理想の雇用形態は変わると考えています。**

「正社員でキャリアに専門性をつけて真の安定を手に入れよう」僕の主張は基本的にこの考え方です。しかし、この一点突破の主張だけでは思考が浅く、守備範囲が狭く、これからの多様性の時代にはふさわしくない理論だと考えています。

働き方は人それぞれです。何を選択するかはあなた次第です。

・キャリアよりも自分の時間を大切にしたい
・稼ぐことよりも家族といる時間を優先させたい
・組織に属さず自宅でずっとひとりで働きたい
・やりたい仕事に就きたい
・趣味を極めて生きていきたい

現代は選択ができる時代で、幸せの価値観は人それぞれです。

テクノロジーの進歩、社会システムの変化、多様な働き方の選択により「有名大学卒↓大企業入社↓結婚して子どもをつくる↓定年まで勤める」という生き方以外にも「幸せになれる選択肢はある」ということに気づく人が非常に増えました。

ここで**最も大切なのがあなたにとっての「幸せ」がどこにあるかです。このあなたにとっての価値観を知ることが非常に重要です。どう働くかを考えることは、どう生きるかを考えることです。**そもそも雇用形態から考えること自体が間違っています。目的と手段を混同してはいけません。

・あなたにとっての幸せは何なのか？
・そのためにはどんな生き方・働き方が適しているのか？
・正社員、派遣社員、フリーランスなど、どの雇用形態があなたの理想に近い生き方なのか？

このように自分の幸せ（目的）に対して、どんな働き方（手段）をすればあなたが幸せに生きられるのか？　という考え方と選択が重要です。

真面目で優しいメンタルが弱い人こそ、古い価値観に振り回されてつらい思いをしないで欲しいです。あなたにとっての幸せを最優先してください。周りの価値観に合わせる必要は一切ありません。

・高年収だけど、自分の時間がなくて人生がつまらない
・安定企業だけど、仕事がつまらなくて悶々としている
・老舗企業だけど、裁量権が持てず歯がゆい思いをしている

親に押しつけられた価値観、メディアの価値観、身近な友人から受けた価値観。このような

他人の価値観は本当に意味がありません。

間違いなく言えることは、自分の価値観を生きていない人は不幸だということです。

繰り返しますが、「正社員でキャリアに専門性をつけて真の安定を手に入れよう」というのが僕の考え方です。しかし、この生き方があなたにとって幸せかどうかは別問題です。ぜひあなたにとっての幸せな生き方・価値観をじっくりと考えてください。

なおこれから話していく「転職」と「副業」の2軸思考は、どんな価値観の人でも武器となる思考法なので安心して読み進めてください。僕はお金を稼ぐだけが幸せだと全く思っていません。

1-8

コロナ禍が与えた働き方の価値観

ここまで時代の変化が激しくなるという話をしてきましたが、**２０２０年2月に始まった新型コロナウイルスの影響で時代の変化はさらに加速をしました。**この項ではコロナウイルスが労働の価値観にどう影響を与えたのか？　これからの社会はどうなっていくのか？　についてお話をしていきたいと思います。

一般的にコロナウイルスの影響で次の５つが変化が生じたと言われています。

①仕事のリモート化・オンライン化
②見積書・請求書などの書類のデジタル化
③オンラインによるミーティングの効率化
④職場内コミュニケーションの減少化
⑤リモート化によるスキルや能力の顕著化

つまり感染を防ぐためのオンライン化がすべての核にあたります。コロナ下では、対面で会わなくてもオンラインで仕事が完遂できることが証明されました。そしてコロナウイルスの影響から働き方の多様性、オンライン化、現代技術が数年進んだという意見も多くあります。

しかし、仕事のオンライン化がこのまま定着するとは僕は思っていません。実際に、コロナ慣れという言葉がある通り、2020年4月に発令された緊急事態宣言のときにはリモートワークにしていたが、2021年1月、同年4月の緊急事態宣言のときにはリモートワークにしなかった職場が現実に多くあります。

また、従業員数100名以下の会社のテレワーク比率はたったの15%未満で、従業員数1万人以上の会社でもテレワーク比率は45%という調査結果もあります。つまり中小企業が99%の日本では、半分以上の会社がテレワーク化できていないのが現実です。

従業員を管理しやすくするために通常出勤させたい経営者と、リモートワークで効率的に働きたい従業員が対立をしているのが日本の実態です。そして、コロナ慣れ、ウィズコロナ社会となりましたが、**近い将来気づけばコロナ前と大きく変わらない働き方になっていると僕は予測をしています。**

「コロナウイルスは長い目で見れば何の影響も及ぼさなかったということ？」このように思われたかもしれませんが、そういう意味ではありません。コロナウイルスの影響によるリモートワーク化はほとんどが定着しないと思いますが、**労働者の価値観には非常に大きな影響を与えたと考えています。**

実際にコロナウイルスが発生した後からこのような転職相談が増えました。

・リモートワークが可能な職業や環境へ転職をしたい

・現職のコロナ対策を見て会社の将来性に不安を覚え転職を考え始めた

・いつか転職したいと考えていたがコロナをキッカケに本気で転職活動を始めた

「いまの会社で働き続けて自分は大丈夫なのか？」といったように、転職潜在層に行動のキッカケを与えたのがコロナウイルスの一番大きな影響だと僕は感じています。

つまり、コロナウイルスの影響でオンライン化は進んだものの、この流れはいつか落ち着き、ゆくゆくはコロナ前と大きく変わらない環境になります。しかし、実際に働いている労働者の価値観には大きなインパクトを与え、「働き方」「会社の将来性」「キャリア」「専門性」を考えるキッカケとなったということです。

そしてこの社会の変化、労働価値観の変化を真剣に考えて……

①転職をして時代に合わせて変化をした人

②結局何もせずに行動しなかった人

この二極化が進み、貧富の差の拡大が加速をしていくと僕は考えています。

1-9

働き方の多様性は脅威にもなる

日本経済低迷、終身雇用崩壊、ジョブ型雇用推進、働き方改革、コロナウイルスの影響などから働き方の多様性はどんどんと広がっています。

そして正社員・契約社員・派遣社員・フリーター・業務委託・フリーランス・リモートワーク・副業・パラレルワーク・時短勤務・独立・起業など、様々な働き方が選択できる時代はさらに進みます。

これは働き方改革の項でも話しましたが、働き方改革は人口減少による労働力と国力低下を防ぐための施策です。つまり**働き方改革は世界的な流れや労働者の意見を取り入れたということではなく、日本ではそうせざるを得ない状況になるべくしてなったというのが正しいとらえ方です。**

しかし、この「働き方の多様性」を深く考えず、ポジティブなところだけにフォーカスするのは危険だと考えています。**なぜなら、働き方の多様性という「選択の自由」は「自己責任」となるからです。**

いままでの働き方は多様性が少なく、幸福な働き方・生き方にテンプレートがありました。しかし、これからは働き方が多様化をしていきます。さらに職業や働き方などが自由に選択できる時代になります。これは仕事の話に限ったことではありませんが、**自由には責任が伴うということを忘れてはいけません。**

著名な精神科医・心理学者であるフロイトには有名な言葉があります。

「ほとんどの人間は実のところ自由など求めていない。なぜなら自由には責任が伴うからである。みんな責任を負うことを恐れているのだ」

この言葉の通り、**働き方の多様性という自由をどうとらえて行動するのか？　その選択によっては不幸になってしまう人が増える可能性があると言えます。**

働き方の多様性を間違って解釈をすると、このようになるでしょう。

・キャリア形成を考えず転職を繰り返すジョブホッパー
・雇用形態を意識せずに気づいたら低年収になる
・会社に依存した働き方をして会社が倒産し路頭に迷う

以上のように多様性の時代だという論理を武器に、大義名分であまり考えず転職を繰り返したり、間違ったキャリア形成をしてしまうと、低年収で貧しい生活になってしまうリスクがあるということです。

自由に選択できる時代になっていくからこそ本質的な問いが必要になります。

・自分が何を大切にしているか？
・自分が何を選択すれば幸せになれるのか？
・そのためにどんな仕事や働き方をすればよいのか？
・その目標のためにいま何をすべきなのか？

またこれは日々転職相談を受けていて思うことですが、ほとんどの人が「本当は変わりたくないのだろう」と感じています。これは現状維持バイアスという変化を嫌う人間の心理が作用をしていることでおかしなことではありません。人間の本質は「変化をせず、リスクを避けて、自分を守りたい」です。これは原始時代の価値観で、住んでいる土地を離れて未開の地に行くことが大きなリスクだったころの習性が遺伝子レベルで刻まれている心理作用の名残です。ですので、変わりたくない、挑戦したくない、危険をおかしたくないという感覚は自然なことです。

しかし、これからの時代で変化をしないのは逆にリスクです。大切なことは、多様性を受け入れ、自由な選択を正しくとらえて行動できるかどうかです。ダーウィンの進化論で「強いものが生き残るのではない。変化できるものだけが生き残るのだ」というような名言がありますが、これは現代社会でも本質は同じです。実際に恐竜はいくら強くても気候の変化に対応できず絶滅しました。

大切なことなので繰り返しますが、**行動して変化できなければ豊かになれません。自由を勘違いしてはいけません。働き方の多様性はあなたの脅威にもなりえます。**この意味を正しくとらえてハッピーな未来へ進みましょう。

1-10 時代に乗り遅れる人は貧しくなる

ここまで第1章では日本の労働価値観の変化について話をしてきました。そして**僕が一番伝えたかったことは、時代に合わせて変化をしていかなければ、どんな人でも貧しくなってしまうということです。**ここまで読んでいただいたあなたには、きっとその意味を理解してもらえると思っています。

しかし、労働価値観の変化はデメリットばかりではないと僕は考えています。**なぜなら実力主義社会や自己責任社会というのは、上手に立ち回ることができれば、その恩恵を受けることができるからです。**

いままでの日本は終身雇用制度という盤石な社会システムの上で働くことが常識でした。そのシステムでは勤続年数が長いことが絶対的正義で、長く勤めることができれば立場も年収も約束されていました。しかし、この社会システムは崩壊しました。

また別の視点で考えれば、実力主義社会の他国から見ると、この日本の社会システム＝終身雇用制度は異常なことです。これは他国が正しいとか、日本がおかしいとか、そういう話ではありません。常識はその国の文化や時代ごとで変わるので良い悪いの話ではありません。

つまり何が言いたいかというと、「常識の変化」や「労働価値観の変化」が起こり、日本はいま大きな変化の分岐点にあるのです。

日本は戦後の高度経済成長期で素晴らしい躍進を遂げ立派な経済大国となりました。この日本の歴史には日本を愛している僕としては、感謝と尊敬しかありません。**しかし、バブルが崩壊し平成に入ってからは苦しい時期が現在も続いています。**そしてリーマンショックが起き、その後アベノミクスで経済回復をしたように見せていましたが、中身をしっかり見ると回復には至っておらず、厳しい状態が続き平成が終わりました。平成を「失われた30年」と言っている人が多く、中には失われた30年は現在も継続していると言う人も多くいます。

また経済という観点だけではありません。２０２０年ＧＤＰランキング3位の日本が、２０２０年世界幸福度ランキングでは過去最低の62位となりました。また自殺が多い国ランキングでは日本は常にTOP10に入っています。さらに若年層の自殺率は世界トップクラスで、日本の15歳～39歳の死因の第1位が「自殺」となっています。事故死よりも自殺が多い国は日本のみです。これが日本の悲しい現実です。

このように日本経済の流れ、国民の幸福度や自殺率など、多角的にとらえると現在の日本人は苦しい状態にあると言えます。おそらく日本経済はこれからもっと厳しくなっていきます。

この日本の現実に気づかず……

①何も考えず変化せずに貧困になるのか？

②良い意味で危機感を覚えて行動するのか？

国や会社に依存できない時代になるからこそ、この2択はあなたの大きな運命の分かれ道となります。

おそらくあなたはこの第1章を読んで「このままではヤバイ……でも具体的にどうすればいいのだろう？」と思われたでしょう。でも、大丈夫です。

これから説明をしていく「転職」と「副業」の2軸思考を理解し実行することで、間違いな

くどんな人でも未来を明るく豊かにできます。ただし本書を読んでも**「行動」×「改善」×「継続」**の3つができなければ未来をハッピーにすることはできません。ここは強く主張したいところです。

暗い話ばかりをしましたが、前向きに厳しい現状と未来を考え、良い意味で危機感を持ち、行動し変化をしていけば、メンタルが弱い人でも、どんな人でも必ずハッピーな未来になります。

次章からは具体的に「転職」と「副業」の2軸思考について話をしていきます。一緒に楽しみながら学び進めていきましょう。

第1章ポイントのまとめ

☆日本経済はさらに厳しくなり、変化に対応できない人は貧しくなる

☆これからは国や会社に依存せず、自分の身は自分で守らねばならない

☆終身雇用はいつか崩壊するのではなく、すでに崩壊している

☆副業解禁の真意は「終身雇用はもうできない」

☆ジョブ型雇用の推進で「個人のスキルが重要」となり、転職がもっと当たり前になる

☆働き方改革は、人口減少による国力低下を防ぐための施策

☆同一労働同一賃金は、一歩間違えれば正社員の価値を下げる可能性がある

☆キャリアという意味では、正社員が最も社会的評価が高い

☆正社員だけにとらわれず、自分の幸せに対してふさわしい働き方を選択する意識が重要

☆コロナで一番大きく変わったのは、仕事のオンライン化ではなく「労働者の価値観」

☆働き方の多様性は選択の自由がある反面、大きな責任を伴う

☆メンタルが弱い人こそ厳しい日本社会で生き抜くには「転職」と「副業」がキーになる

第2章

メンタルが弱い人の「転職」の考え方

2-1

メンタルが弱い人こそ転職した方がよい

本章から「転職の考え方」について話をしていきます。**これからの時代はメンタルが弱い人こそ転職をした方がよいでしょう。**なぜなら、ほとんどの会社が10年以内に倒産やリストラの可能性があり、日本は厳しい経済状態が続くと考えているからです。

これからの日本経済は厳しく、財閥系大企業も黒字なのにリストラをしている時代です。安定していると言われていた会社でさえこのような苦しい状況のため、日本の99%の中小企業が存続し続けられる可能性は誰にも分からないと言えます。

つまり、あなたが勤めている会社が10年以内に倒産もしくはリストラをする可能性は現実的にあり得るということです。

もしあなたが勤める会社がなくなってしまったら……

- あなたを好待遇で雇ってくれる会社はあるでしょうか？
- あなたのスキルや実績は需要があるでしょか？
- あなたの仕事は10年後も存在していると言えるでしょうか？
- あなたはいままで「ウチに来ないか？」と誘ってもらったことはあるでしょうか？
- あなたは何のプロフェッショナルか明確に答えられるでしょうか？

つまりメンタルが弱い人こそ、いつでも好待遇で転職できるような専門性・スキルを身につけておかなければ、経済的・精神的に不安を抱えながら生きることになってしまうということです。だからこそ「自分はメンタルが弱い」と自覚している人は、緊急事態になったときに少しでも焦らないように、いまのうちから危機意識を持って行動しておく必要があります。

これはあなたが仮に大手企業や安定企業に勤めていたとしても話は同じです。**大切なのは「あなたはどこの会社で勤めているか？」ではありません。大切なのは「あなたはいま、どんな仕事をしているか？」が重要なのです。**

①大手企業に勤めているが、他社では通用しない仕事をしている人
②中小企業に勤めているが、他社でも需要のある仕事をしている人

いままでの日本であれば①の人の方が安定していました。しかし、現在そしてこれからは日本全体が苦しくなっていくため、会社の将来性は究極誰にも分からない時代になります。つまり②の中小企業であっても、**将来性や専門性の高い仕事をしている人の方が、転職先が見つかりやすく、長期目線で考えれば経済的・精神的に豊かに過ごせるようになります。**

もし、あなたがいまの会社で……
・高年収だったとしても
・人間関係が良好だったとしても
・やりがいのある仕事に従事していたとしても
・年間休日が120日以上あったとしても
・いまの会社に不満がなかったとしても
あなたの仕事の将来性や専門性が低い場合、いまの労働環境が続けられるとは限りません。
なぜなら会社の将来性は誰にも分からないからです。

ですので、**これからは会社に依存することではなく、自分の専門性を磨くことが真の安定になります。**

この考え方はメンタルが弱い人こそ理解しておかなければならず、早めに行動しておく必要があると言えます。

2-2

将来性・専門性の高い仕事とは？

「これからは会社に依存にするのではなく、自分の専門性・スキルを磨くことが真の安定になる」これが新時代の考え方で、僕が伝えたいメッセージです。

そもそも将来性・専門性が高い仕事とは何なのか？

あなたはこのように思われたかもしれません。疑問は当然で、ここを考えることは重要です。ですので、将来性・専門性の高い仕事について深掘りしてお話をしていこうと思います。

将来性・専門性の高い仕事を一言で表現するならば「自分にしかできないこれからもニーズが多い仕事」と考えます。

よく将来性のある仕事ということで、エンジニア系、コンサルタント系、クリエイター系などが挙げられます。確かにこれらの仕事は将来性が高い仕事だと思います。ただ反面、そのような職種で将来性・専門性を語ることは本質ではなく表面的な話でしかないと考えます。

つまり、将来性のある職業に就いていたとしても、その職業を自分のものにできていなければ、その職業はあなたにとって将来性・専門性のある仕事とは言えないということです。

自分がものにできる将来性・専門性のある仕事に就けなければ、あなたにとってその仕事は、社会的価値はありません。真の安定も手に入りません。

また僕は将来性・専門性のある仕事ということで、例としてエンジニア系の仕事についてよく話しています。しかしエンジニア系の仕事はおすすめではあるものの、向き不向きがハッキリ分かれる仕事だとも考えています。そして「いろいろなところでおすすめされているなら、自分もその仕事に転職しよう！」と考え、よく調べずに飛びついてしまう人がいますが、これは危険です。

なぜなら興味のあることにチャレンジする行動力は素晴らしいですが、**自分の適性や興味を考えずにその仕事に就くことは、苦しい人生になってしまう可能性が高いからです。**

繰り返しますが、エンジニア系は確かに将来性・専門性の高い仕事だと思います。しかし、社会で求められているのは「有能なエンジニア」です。ここが本質です。

例えば、サッカー部はモテるという情報を鵜呑みにして入部したとしても……
・サッカーがうまい人がモテる
・顔がよいサッカー部の人がモテる
・もともと人気のある人がサッカー部でさらにモテる
このようにサッカー部に入れば誰でもモテる訳ではありません。つまり将来性・専門性の高い仕事という観点で仕事探しをするのではなく……
・自分のキャリアから派生させた将来性・専門性の高い仕事を考える
・自分のやりたい仕事から将来性・専門性の高い仕事を考える
・自分の適性から将来性・専門性の高い仕事を考える
自分の〇〇から考えた、将来性・専門性の高い仕事という発想が大切です。そして、自分にしかできない、もしくは自分に合っているニーズの多い仕事を意識することが、あなたの将来性・専門性の高い仕事になります。難易度は高いですが、ここを目指す意識が大切です。
・法人営業×英語力×機械業界
・エンジニア×ＡＩ×自動車業界
・マーケティング×デジタル×ＥＣ業界

このように自分の得意領域でニーズをかけ合わせれば唯一無二な存在になれます。そして将来性・専門性の高い仕事をしていれば、会社が倒産したとしても、金融危機が来たとしても、パンデミックが起きたとしても、好待遇な転職先をすぐに見つけることができます。

いつでもすぐに好待遇な転職先を見つけられるキャリアづくりが、これからの真の安定になります。

自分の「適性・興味」×「将来性・専門性」と考えれば、どんな仕事を選択するかが見つかりやすくなるはずです。ぜひ、あなたの〇〇から考えた「将来性・専門性」の高い仕事を見つけて、真の安定に繋がるキャリアをつくっていきましょう。このキャリアプランニングはメンタルが弱い人にこそ理解してほしい考え方です。

2-3

自分自身を知らなければ天職には出合えない

では将来性・専門性が高い自分に合った仕事にどうすれば出合えるのか？　**いわゆる天職の見つけ方ですが、これは誰もが一度は悩む永遠のテーマです。**そして「やりたい仕事の見つけ方」や「天職と出合う方法」は至るところで話題となり現在も議論されています。

ここでまず僕が伝えたいのが、やりたい仕事を見つけることは難しい。ほとんどの人が天職に出合えていないという現実です。実際に僕が日々転職相談を受けていて「自分のやりたい仕事が見つからない」という相談はとくに多いです。確かに天職に出合うことは難しいですが、有効なやり方はあります。なお僕はこのやり方が最も現実的な天職と出合う方法だと考えています。ぜひメンタルが弱い人こそ、このやり方を実践して天職を見つけましょう。簡単ではありませんが、必ずあなたも天職を見つけられます。

まず天職と出合う方法としてやってほしいのが「自分自身を知る」こと。つまり自己分析をやりましょうということです。なぜ自己分析が必要かというと「自分の価値観」と「自分の強み（適性）」の把握が転職・キャリアづくりでは大切になるからです。

「いやいや、自己分析なんて就活でたくさんやったし、いまさら面倒だよ」とあなたは思うかもしれませんが、その気持ちは分かります。しかし就職前のあなたと現在のあなたでは「価値観」「強み」は間違いなく変わっています。また自分のことを分かっているようで分かっていない人が本当に多いです。**とくにメンタルが弱い人こそ自分の「価値観」と「強み」を知っておかないと、転職後に不幸になってしまうリスクが高いです。**

具体的な自己分析の方法については様々なやり方があります。書籍、心理テスト、セミナー、ネットによる診断など。無料・有料と様々ありますが、基本的に「価値観」「強み」の2点で把握できれば、どれを行っても問題ありません。ただし、ひとつのサービスだけで自己分析をするのはやめましょう。なぜなら複数の自己分析を受けることで、自己分析結果の偏りを減らせるからです。病院の診断で言えばセカンドオピニオンのようなイメージです。また複数の結果を知ることでより自分を理解できます。

自分の価値観の把握が大切な理由は主に３つです。
①自分の幸せが何かを知ることで、どこに向かえばいいかが分かる
②自分の幸せが何かを知ることで、やりたい仕事が分かる
③自分の幸せが何かを知ることで、合わない環境を理解できる

そして自分の強みを理解する理由は主に次の３つです。
①自分の強みを知ることで、適性に合う仕事が見つけやすくなる
②自分の強みを知ることで、適性に合わない仕事を避けられる
③自分の強みを知ることで、仕事がうまくいきやすくなる

細かく言えば他にも様々メリットはありますが、主にこのような理由から、自己分析を行い「価値観」「強み」を把握することが大切です。宝探しでたとえるなら、価値観を知ることは「宝の場所」の発見。強みを知ることは「宝のある場所へ行く方法や手段」の理解。このようなイメージです。

なお人によって「宝」は大きく違ってきます。

・裁量権を持って主体的に仕事をしたい
・やりがいのある仕事をしたい
・仕事はほどほどに自分の時間を大切にしたい
・人から感謝される仕事をしたい

このあなたにとっての宝が何かを理解できなければ、仕事選びや転職はギャンブルになり、転職失敗となる可能性が高いです。ほとんどの人が、自分の価値観や強みをなんとなくしか把握できておらず、転職失敗となってしまいます。そのために自己分析を行うことは大切です。また自己分析は、自分の方向性を決めるだけでなく、面接での自己ＰＲにも役立ちます。

ただ自己分析はやろうと思えばかなり深くできてしまうので、**転職目的の自己分析の場合は「価値観」「強み」の把握をゴールにやりましょう。**時間をかけすぎてしまうのは、転職の機会を失うことになるのでおすすめしません。自己分析は大切ですが、「未来のための行動」が一番大切です。逆説的に聞こえるかもしれませんが、**過去の自分にとらわれすぎる必要はありません。人はいつでも誰でも変われます。いまから理想の自分をつくっていけばいいんです。**

2-4

人生の目的はいらない

やりたい仕事探しや天職に出合うための考え方として、「人生の目的を考えましょう」「やりたいことはあるはずなのでそこに気づきましょう」といった考え方がよくありますが、この方法で天職を見つけることはかなり難しいと僕は考えます。なぜなら現実的ではなく、レベルが高すぎてほとんどの人が途中で挫折してしまうからです。また仮にやりたいことが見つかったとしても、その仕事が稼げる仕事かどうかは別問題です。

では天職に出合うために、自己分析をした後にどうすればいいのか？　それが「5年後の理想の自分を考える」という方法です。

5年後の理想の自分を考えることは遠すぎず近すぎず、漠然とした目標にならない、ちょうどよい指針になります。「人生の目的」や「本当の自分探し」は現実的ではなく、イメージしづらいです。しかし「5年後の理想の自分」なら現実的に考えることができイメージしやすくないでしょうか？　なお理想は5年後の自分、10年後の自分、20年後の自分と各時点での目標を立てられればよりよいです。

「いやいや、5年後の理想の自分と言われてもなかなかイメージが湧きません」とあなたは思ったかもしれませんが、大丈夫です。ほとんどの人がこの質問にすぐに答えられません。**ポイントは「5年後の理想の自分を考える意識」と「身近な目標をつくる意識」の2点を考え続けることが重要です。**焦る必要はありません。

5年後の理想の自分の例です。

・5年後は32歳で、年収５００万以上で家族を養っていられるようにしていたい
・5年後は29歳で、専門性が高い仕事で自分の仕事に誇りを持っていたい
・5年後は35歳で、育休・産休などがしっかりしている会社で働いていたい

初めはこれくらい漠然とした目標でも大丈夫です。

しかし注意点があります。それは目標設定を高く設定しすぎないことです。理想を多く並べた高すぎる目標は、逆にモチベーションを下げて行動を抑制させてしまいます。これでは意味

がありません。

ですので、目標を高くしすぎないように、実現可能な範囲で、叶えたいことベスト3を考えましょう。そうすることで、目標が高くなりすぎることを防げます。ここまで目標が定まってくれば、後は漠然とした目標をより明確にしたり、順位を入れ替えたり、新たな目標を考えたりして、日々ブラッシュアップをしていきましょう。

また5年後の理想の自分を考える意識やアンテナを持つことで、いままでにはなかった発想に自然と気づけるようになります。実はこの感覚は心理学で証明されており「カラーバス効果」と言います。

カラーバス効果とは、例えば今日のラッキーカラーが「青」だと言われると、普段は意識していなかったものが青だったことに気づいたり、やたらと青いものが目につくようになる心理効果を言います。つまり意識のアンテナを持つことで、普段スルーしていた情報が自然と集まるようになる脳の仕組みです。この脳の仕組みを利用しましょう。

ですので、5年後の理想の自分と言われてすぐに見つからなくても焦る必要はありません。

「5年後の理想の自分」のアンテナを持つことでカラーバス効果が働き、徐々に5年後の理想

の自分が見つけられます。

そして目標設定が固まってくれば、具体的な行動指針が自然と生まれます。

・現状維持で目標を達成できるのか？
・いつまでに行動しなければいけないのか？
・いま何をするべきなのか？
・目標達成のためにいつ・どこまでクリアしていなければいけないのか？

以上のことから、「人生の目的」や「本当の自分探し」というレベルの高い目標を考えるのではなく、実現可能で**背伸びすれば届く範囲の「5年後の理想の自分」を考えることから始めましょう。**初めはすぐに見つからなくても大丈夫です。アンテナを張っていれば必ず「5年後の理想の自分」を見つけることができます。マイペースに焦らずにやっていきましょう。

2-5

やりたい仕事を探すな

ここまで本書を読んでくださったあなたは、自己分析で得た「自分の価値観」「自分の強み」そして「5年後の理想の自分」を把握することが大切だということは理解していただけたかと思います。

ここからは自分の天職が何なのか？　どんな仕事に転職をすればいいのか？　具体的な仕事選びのパートに入っていきたいと思います。ただし、このパートから難易度が上がり、挫折してしまう人が多いので気を引き締めていきましょう。しかし、きちんと実践できれば必ずあなたの天職は見つかるので一緒に頑張っていきましょう。

具体的な天職探しをする前に重要なことを話します。ここを理解しなければ絶対によい転職はできないので心して聞いてください。**それは「あなたのやりたい仕事があなたの天職ではない」ということです。**

「え！　やりたい仕事探しをするという話じゃないの？」

あなたはこのように思われたかもしれません。しかし僕が伝えたいのは、あなたのやりたい仕事があなたの天職ではないかもしれないという意味です。

僕は天職に出合うために一番重要なのは「あなたの適性に合った仕事を選ぶこと」だと考えています。

つまり、やりたい仕事と自分に合う仕事はリンクしないということです。分かりやすく４つに分けてみましょう（図７）。

①やりたい仕事×適性が高い仕事
②やりたい仕事×適性が低い仕事
③やりたくない仕事×適性が高い仕事
④やりたくない仕事×適性が低い仕事

【図7】天職探しフレーム

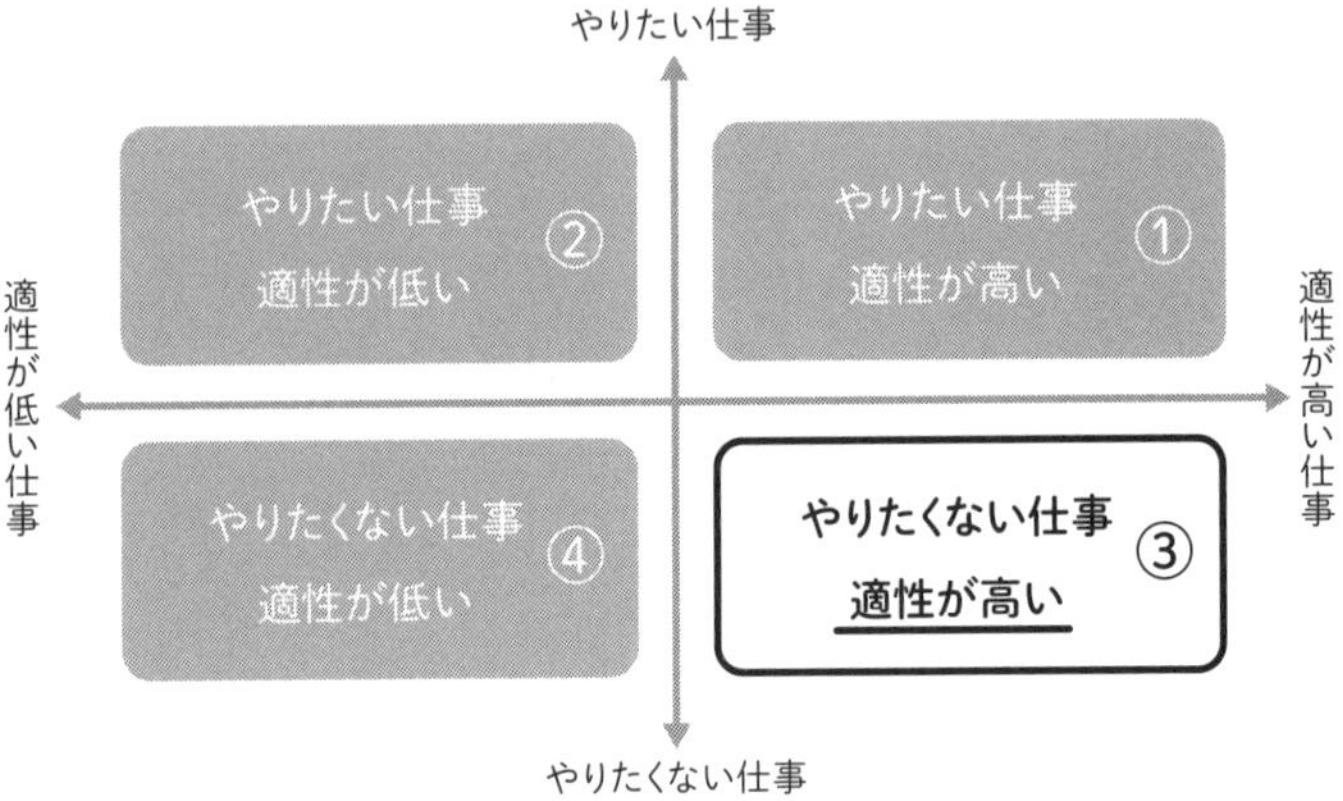

この4つに分けた場合、①の「やりたい仕事×適性が高い仕事」が一番理想的です。もちろんここを諦める必要はありません。**しかし、現実的に考えて「やりたい仕事×適性が高い仕事」を目指すことはかなり難易度が高いです。**事実、「やりたい仕事×適性が高い仕事」をしている社会人は本当にひと握りです。ここを目指してしまっている人は、難易度が高いため、ほとんどの人が天職探しで挫折します。そして結局何もせず、いまの仕事をダラダラと続けてしまっている人が多いです。

ですので、**僕が最もおすすめなのが③の「やりたくない仕事×適性が高い仕事」で、ここを目指すやり方です。**「いやいや、やりたくない仕事なんて選びたくないよ」と思われたでしょうが、明らかにやりたくない仕事を選ぶ必要はありません。

ただ数値化して言うと、60点くらいの気持ちで「やりたくない仕事×適性が高い仕事」を選べれば、頑張らなくても仕事がうまくいく可能性が高いです。この「無理せず頑張らなくても仕事がうまくいく」というのが重要ポイントです。

無理せず頑張らなくても仕事がうまくいくというのは、人間関係、年収、待遇、社内評価、社外評価、転職市場価値などが自然と上がりやすく、人生をイージーモードにできます。実際に僕がいままで面談をしてきた高年収の人は、ほとんどの人が「やりたい仕事」という観点で仕事選びをしていません。自分の適性やスキルを活かしたキャリア形成をして高年収で転職市場価値が高い人が多いです。

つまり、仕事選びは自分の興味関心という観点も大切ですが、「自分の適性に合う」という観点が最も重要だということです。そして、ほとんどの人が自分の適性を考えたキャリア形成ではなく、自分の好みや興味関心から仕事選びをして、何も見つけられず失敗や挫折をしています。

また興味関心から「好きを仕事に」と仕事選びしている人がいますが、適性が高ければ問題ありません。しかし、**好きな仕事であっても自分の適性に合わなければ、仕事がうまくいかず、好きな仕事が嫌いになってしまうリスクもあります。**

好きな仕事だからこそ……

・こだわりが強く受け入れられない
・理想が高く現実とのギャップに失望する
・仕事がつらいと思い始めると再起できない

このような状態になってしまうということです。
これがよく言われている「好きを仕事にするな」の本質です。

ぜひこれから仕事選びや業界選びをするときには、興味関心という観点も大事にしつつ、「自分の適性に合う仕事選び」を強く意識しましょう。あなたにはあなたのよさが必ずあり、あなたのよさを無理せず活かせる仕事を選びましょう。

天職に出合えない人の特徴

ではここからは具体的な仕事選びについて話します。**やり方は非常にシンプルで、自己分析で分かった自分の「価値観」「強み」を考慮した上で「5年後の理想の自分」を叶えられそうな職業を探していくという方法です。**

かなり地味な作業で人によっては数カ月〜数年かかる人もおり、挫折してしまう人が多いパートです。しかし、ここで挫折してしまってはよい転職はできず、あなたの人生を変えることはできません。またメンタルが弱い人こそ、適切な職業選びはハッピーな人生になるかどうかの運命の分かれ道となるので、焦らず一緒に頑張っていきましょう。

1つ目の仕事選びの方法は、求人サイトから探す方法です。使う求人サイトは、求人数が多く、業界や職業ごとにチェックを入れられるサイトがおすすめです。おすすめの検索方法は「消去法でやりたくない仕事以外はすべてレ点を入れて探す」「100点満点中60点以上興味がある職種にレ点を入れて探す」この検索方法で100～300件くらいまで絞って精査していきましょう。また前項で詳しく話しましたが、自分の興味関心だけでなく、自分の適性を強く意識してチェックを入れましょう。

このやり方のメリットは以下です。

・いままでに意識していなかった職種に出合える
・世の中でどんな仕事のニーズがあるかを把握できる
・興味が持てた仕事の必須条件を知り、自分に何が足りないかを把握できる

しかし、このやり方には大きな弱点があります。それは現在募集している求人でしか職種を知ることができないという点です。とくに求人数が少ない時期は職種数も減っているため、限られた職種にしか出合えません。

その弱点をカバーするために、2つ目の方法があります。それが書籍やネットから職種を探すというやり方です。ネットや書籍で職業についてまとめられている情報はたくさんあります。それこそ僕が配信をしているYouTube動画やブログ、年収という軸で職業を掲載しているサ

イトです。もし、興味を持てた職業が見つかったときには、その職業や業界について深掘りして調べてみましょう。

このように「自分の価値観」「自分の強み」「5年後の理想の自分」をベースに求人サイトから絞って探す、ネットや書籍などから探す、興味を持った仕事を深掘りして検討をする。こうしたやり方が現実的に天職に出合える方法となります。この話を聞いてシンプルすぎて拍子抜けしたかもしれませんが、究極どんなことも細分化していけば、地味なことばかりです。しかし、このループを繰り返すことができれば、やりたい仕事や自分に合った仕事や天職に必ず出合えます。**実際にこの方法で天職に出合った人は非常に多いです。**

ただこの項の冒頭でも話をした通りほとんどの人がここで挫折をしてしまいます。

・やりたい仕事が見つかっても無理だと決めつけて諦める
・チャレンジをした場合のリスクを考えて諦める
・やりたい仕事が見つからず途中で諦める

このような心境になる気持ちは非常に分かります。**しかし、ここで僕が一番伝えたいのは「天職はそう簡単には見つからない」ということです。**

このやり方を実践して、「自己分析を一生懸命やりました。5年後の理想の自分も考えました。それをもとにどんな仕事が合っているか探しました。でも、結局やりたい仕事は見つけられませんでした」と言われる方がときどきいますが、結果をすぐに求めすぎです。**そんな数日でやりたい仕事が見つけられる訳がありません。**

天職を探すというのは、人によってはすぐに見つかる可能性もあります。人によっては3カ月かかるかもしれませんし、1年かかるかもしれません。このようなことは当たり前で、やりたい仕事を見つけることは非常に難しいことです。この大前提を忘れてはいけません。

ではどうすればよいか？　それは「行動」×「改善」×「継続」しかありません。どれだけあなたが天職探しを本気で継続できるか？　に尽きます。「結局、精神論かよ！」と思われたかもしれませんが、これが真理です。魔法はありません。

しかし、逆に言えば「自分の価値観」「自分の強み」「5年後の理想の自分」をベースに「行

動」×「改善」×「継続」さえできれば、必ず天職に出合えます。働くことは生きることと同義です。天職に出合えれば人生を大きく変えられます。大変ではありますがゴールを見失わず、焦らず諦めず頑張っていきましょう。きっとあなたの天職は見つかります。

2-7

転職で失敗する人の共通点

やりたい仕事の方向性が決まれば、ここからは応募して面接を受けていく実践的な転職活動に入ります。ただ「自分の価値観」「自分の強み」「5年後の理想の自分」「自分の天職探し」を完璧に準備したとしても、転職を失敗してしまう人がいます。

転職で失敗する人の究極の共通点は「転職先で叶えたいことを明確にできていない人」です。「なぜ転職したいか?」「転職先で何を叶えたいのか?」転職目的を明確に言語化できていない人は、高確率で失敗をします。

よくある事例としては、このようなものです。

・「いまの会社をやめたい」が先行している
・実現可能な叶えたいことベスト3を言語化できていない

・生き方やキャリアを築いていく方向性がない

「いやいや、転職先で叶えたいことが決まってない人なんていないでしょ」と思われたかもしれませんが、こういう人は意外と多いです。

とくに「いまの会社をやめたい」が先行している人は、会社をやめたいが第一優先で、転職先で叶えたいことを明確にできていないことが多いです。また転職先で叶えたいことが決まっていたとしても漠然とした理由ばかりで、転職先を選ぶ基準になっていないケースもあります。これでは転職理由を明確にできているとは言えません。

ではなぜ転職理由が不明確な人は失敗してしまうのか？　理由は「転職先の良し悪しの基準がない」からです。

転職の基準を持てていない人というのは……

・自分の志向に合わない応募や面接を受けてしまう
・転職エージェントの言いなりになり、自分に合わないオファーを受けてしまう
・入社後に間違ったことに気づき、また転職活動を始めることになる

このように非効率な転職活動や後悔の多い転職になる可能性が高いです。この間違った選択を防ぐのが「転職先で叶えたいことを明確にすること」です。

逆に転職の基準をしっかりと持てている人であれば……

・効率的に自分に合った求人にだけ応募ができる
・転職エージェントを上手に使い自分のための転職ができる
・内定獲得後に迷うことなく意思決定ができ後悔しない選択ができる

このようなメリットがあります。

大前提として自分の希望をすべて叶えられる会社はほとんど存在しません。仮によいオファーをもらったとしても、入社後に不満に思うことは必ずあります。しかし、**自分の基準を持てている人であれば、転職目的が明確なため、小さな不満を受け入れることができ、転職したことを後悔しません。**

このように転職で失敗する人は、転職理由が曖昧でなんとなく転職してしまう人が多く、入社してみないと分からないギャンブルになってしまいます。転職目的を明確にせず転職活動をすることは、地図を持たずに宝探しをするのと同じくらい成功率が低いのです。メンタルが弱い人こそ、入社後の失敗を避けられるように、転職目的を明確にしましょう。

なお転職の目的はいきなり完璧なものでなくても大丈夫です。とくに初めて転職活動する人は現実的ではない目標設定にしてしまう可能性があります。転職活動は実際に動いてみて気づくことが多いです。

ですので、焦る必要はありません。**大切なのは「高年収・有名企業・会社規模・オフィス外観」など、外から見える会社の魅力や周りの価値観に惑わされず、あなたが転職で何を叶えたいか？　この本質を見失わないように意識して転職活動をすることです。**

ただ前項で紹介をした「自分の価値観」「自分の強み」「5年後の理想の自分」「自分の天職探し」がしっかりと把握できている人は、自然と転職目的も明確化できているはずですので、自信を持って進めていきましょう。転職活動こそ、備えあれば憂いなしです。

2-8

応募数で勝負をするな

転職活動がうまくいっていないときに応募数で勝負しようとする人がいますが、うまくいっていない原因を理解できていなければ「数で勝負する」ことはおすすめできません。とくにメンタルが弱い人は「転職活動がうまくいかない＝社会に必要とされていない」とネガティブに考えてしまう傾向があり、転職活動を続けるモチベーションを失ってしまいます。

また大手転職エージェントが「応募数が足りていません」と煽ってくることがありますが、「本当に応募数が足りていないのか？」を自分自身で精査しなければ、結果は変わりません。僕の肌感覚では、**転職活動がうまくいっていないのは応募数が足りないのではなく、うまくいっていない原因を理解できないケースが多いです。**

では、どのように考えれば転職活動がうまくいっていない原因が分かるのか？　**それは選考を通過できなかった段階ごとに原因を究明することが重要です。いわゆるボトルネックがどこ**

にあるかを考えるということです。

〜書類選考通過率が低い場合〜

①レジュメでのアピールポイントがずれていないか？
②応募求人といままでの経歴がアンマッチになっていないか？
③理想が高すぎて非現実的な高望みな応募ばかりしていないか？

〜一次面接通過率が低い場合〜

①アピールポイントがズレていないか？
②質問に的確に答えられているか？
③気持ちを込めて入社意欲を自分の言葉で話せているか？

〜最終面接通過率が低い場合〜

①経営陣が答えられない意図が不明な返答・質問をしていないか？
②企業文化に合わせて話ができているか？
③うまくやろうと考え緊張しすぎておかしな言動をしていないか？

あなたがどの段階でうまくいっていないかを把握し改善をしていかなければ、内定獲得率は上がりません。思考停止で改善せず応募数で勝負しても内定獲得率は上がりません。障害になっているボトルネックを把握し改善しましょう。

ひとつの基準としては、以下になります。

・書類選考通過率が10社応募して1社も通らない（通過率10％）
・一次面接通過率が5社中1社も通らない（通過率20％）
・最終面接通過率が3社中1社も通らない（通過率33・3％）

基準としてはこの通過率を下回っているのであれば、何かが間違っていると考えた方がよいでしょう。そのままボトルネックを考えず転職活動していても、時間と労力がかかるだけです。もちろんあなたの転職目的で難易度が変わるので、あくまでひとつの基準でしかありませんが、参考にしてみてください。

また中には、いまのキャリアからではいきなり理想の転職ができないケースももちろんあります。その際は諦めるのではなく迂回ルートを考えることが大切です。

現時点をA、目的をZとします。いきなりA→Zの転職を目指すのでなく、A→B→Zのルートを考えましょう。このようにBという経験を挟んでからZに向かわないと理想の転職ができないケースもあります。また人によってBは転職ではなく、副業でBを経験する方法もあります。

このように転職活動がうまくいっていない原因を究明し、改善をする。もしいまのキャリアでは理想の転職が難しい場合、迂回ルートで理想の転職を目指す。この考え方を持って臨機応変に転職活動を進めましょう。思考停止状態で応募数を増やしても、残念な結果が続き挫折してしまうだけです。

「行動」×「改善」×「継続」ができれば必ずよい転職ができます。転職活動がうまくいかないことは精神的にキツイですが、一歩ずつ頑張っていきましょう。決して臭いものに蓋をするのではなく、問題点を直視して改善をしていくことが大切です。

2-9

オファー年収を気にするな

「転職活動を進めてようやく内定がもらえたのですが、オファー年収・条件が合わないので辞退をしようと思っているのですが……」という転職相談はよくありますが、非常に注意が必要です。なぜなら目先のオファー年収や条件だけで、オファーを受けるのか、辞退するのかを判断するのは早計だからです。**大切なのは長期的視点でそのオファーを受けるかどうかを考えることです。**

ここも前項で話した転職目的を明確にすることが役立ちます。この転職目的の基準からオファーがマッチをしているかどうか長期的視点を持って精査しましょう。

①オファー年収が低かったとしても、年収の伸びしろで考えたときに希望年収を上回る可能性はないか?

②オファー年収が低かったとしても、その会社で3年キャリアを積めれば、次の転職で理想の転職を狙えないか？
③オファー年収が低かったとしても、転職の目的ベスト3のうち2つでも叶えられていた場合、今回のオファーは本当にアンマッチなのか？

このようにオファー年収や条件だけではなく、年収の伸びしろを考えたり、経験を積むことを優先させたり、転職の目的と照らし合わせたり、多角的に考えることが大切です。どう考えてもその人にとってはよいオファーなのに、オファー年収だけを気にして断ってしまう人がいますが、非常にもったいないです。

実際に、いま優先すべきことは年収ではなく職務実績だったのに、目先のオファー年収だけで短絡的に結論を出し、結局その会社以上のオファーはもらえなかったという人が多くいます。木を見て森を見ずでオファーを断ってしまうのは、本当にもったいないので、ぜひ注意をしてください。

また、オファー年収・条件を考えることも大切ですが、同じくらい大切なのがオファー先の職場環境の実態です。

「オファー先の職場環境なんて実際に入社してみないと分かりませんよ」あなたはこのように思ったかもしれませんが、確かにその通りです。しかし、ある程度の予測はできます。ここを怠ってはいけません。不幸な転職を回避できるかもしれません。

具体的な方法としては、ネットで口コミサイトを見る、実際に働いている人に聞いてみる、転職エージェント経由であればそこに確認をするという方法があります。

しかし、このような方法で会社の良し悪しを測ることは、他者主観の評価や意見という側面が大きく、あてになりません。

あなたと今回のオファーがマッチしているかどうかを明確に確認するには、オファー面談が一番有効です。オファー面談というのは、内定通知書などを見ながら具体的な入社後について話し合う最終確認の場です。面接で「本当は聞きたいネガティブな質問」はなるべく聞かない方が得策です。しかし、オファー面談であれば内定をもらっている状態で話ができるので、ネガティブに映る聞きづらい質問ができます。

例えば、このような質問です。
・実際の平均残業時間
・年収の伸びしろや昇給制度
・休日出勤の有無

本当に聞きたいことをオファー面談でしっかりと確認をすることで、入社後のアンマッチを防ぐことができます。

また、ときどきオファー面談を依頼するのは失礼だと考える人がいますが、そんなことはありません。むしろきちんと転職に向き合っている人と見られ、ネガティブに映ることは少ないでしょう。**ただオファー面談の依頼の仕方には注意が必要です。**

「御社の内定を前向きに考えているからこそ、いくつか最終確認できる場を設定してほしいです」とポジティブなニュアンスで依頼をしましょう。

「内定を受けるか迷ってるから、オファー面談をお願いしたい」と品定めするような依頼の仕方は、トラブルのもとになるので注意をしてください。

オファー年収や条件が想定よりも低かったとしても、転職の目的や長期的視点で考えて本当にそのオファーを受けるのかを考える。また、オファー面談を依頼して、面接で聞きづらかったことを確認する。

ここまでやればオファーを受けるにしろ断るにしろ、後悔することはなくなります。目先のオファー条件で貴重な出合いを失わないように気をつけましょう。

2-10

どんなに準備しても転職に失敗する可能性はある

ここまで紹介をしてきた転職の考え方を実践してもらえれば、メンタルが弱い人こそ必ずよい転職ができます。ただし補足をすると、**ここまで準備・対策を完璧にやってきたとしても、よい転職になるかどうかはあなたの「覚悟次第」となります。**

いままでの話をすべて覆してしまうように聞こえるかもしれませんが、いくら準備・対策をしても実際に入社してみないと分からないことが多いのが転職の実情です。もちろん入社後のアンマッチを防ぐための準備やオファー面談などはできる限りやりましょう。しかし、**入社前に今回のオファーがあなたにマッチするかどうか１００％測ることはできないと覚悟はしておきましょう。**

・入社してみたら、苦手な先輩や同僚がいた
・入社してみたら、思ったより教育制度が煩雑で大変だった
・入社してみたら、上司のマネジメントが合わなかった

このような入社後の違和感は誰でも多少なりとも必ずあります。そのときに「前職と比べて……」と比較してしまうこともよくあります。ただもう一度面接やオファー面談をやっていたらこの違和感を拭えていたかというと、そういう問題でもありません。

本質は、あなたにマッチしているかどうかは入社してみないと誰にも分からないということです。それはいくら完璧な旅行の計画をしていたとしても、旅行をしてみたら渋滞に巻き込まれる、お店がやっていなかった、思わぬトラブルに遭遇してしまうなど、実際に旅行をしてみないと分からないことが多いのと同じです。

つまり、何が言いたいかというと、最後は覚悟を持って飛び込み、後は自分でなんとかしてやるくらいの気概を持つことが大切だということです。

先日、転職相談をさせていただいている方から「転職を成功させている人の共通点を1つだけ挙げるとしたら何でしょうか？」とよい質問をされました。転職を成功させる人の共通点は

いろいろありますが、１つだけ選ぶとしたら……僕は「覚悟」を持てる人だと答えました。

僕がいままで２０００人以上の転職コンサルティングをさせていただいて思うのが、転職を成功させている人は「覚悟」を持って転職した人が多いと感じています。これはサンプル数１の感覚ではなく数百人の経験からそう感じます。**中にはメンタルが弱い人が覚悟を持って転職を成功させた例もあります。**

転職してから会社の状況が変わってしまい、聞いていた仕事内容が大きく変わってしまったというケースが稀にあります。このときに、普通であれば腐って仕事を疎かにしてしまうところを、覚悟を持って転職した人は違います。

状況が変わった中で自分ができることに前向きに取り組み結果を出し……

・紆余曲折はあったけど、やりたい仕事に就けた
・キャリアの幅が広がった
・自分のやりたい仕事を見つけられた

このように覚悟を持って転職した人はピンチをチャンスに変えられます。

キャリアプランニングを確実に行い、そのプランに基づいて仕事を選び、実績をつくってキャリア形成をして充実した人生を送る。このような正規ルートの転職を目指すことをおすすめします。しかし、現実は予測不可能なトラブルがあり、計画通りにいかないことも多いです。

だから目標や計画は必要ないと言いたい訳ではありません。**計画して実行しながらもトラブルに遭遇したときには、柔軟性を持ち、どんな道だったとしても突き進む覚悟が大切だと伝えたいのです。**

実際に成功者と言われている人たちも、もともとの目標ではない道で成功をしています。
・スティーブ・ジョブズは思想家を目指していましたが、Apple 創始者に
・ゴッホは聖職者を目指していましたが、画家に
・ナポレオンは小説家を目指していましたが、軍人に
・孔子は政治家を目指していましたが、哲学者に
このように有名な偉人たちも、もともとの夢とは違った形で成功をしています。

いくら完璧な計画をしても人生何が起こるか分かりません。しかし、どんな状況だったとし

てもプラスに転じられるように目の前の小さなことに覚悟を持って取り組む姿勢が何より大切だと考えます。

よい転職をすることがゴールではありません。よい転職をして人生をハッピーにすることがゴールです。転職はあくまでそのための手段です。この本質を忘れず、いまできるベストを尽くしましょう。

そうすれば必ずあなたの人生は変えられます。好転できます。簡単ではありませんが、できます。まずは転職で天職に就き地歩を固めましょう。

第2章ポイントのまとめ

☆会社がなくなっても、すぐに転職できるような専門性を意識して働くことが重要

☆いつでも転職可能な将来性・専門性の高い仕事が新時代の真の安定になる

☆将来性・専門性の高い仕事とは「自分にしかできないこれからもニーズが多い仕事」

☆よい転職をするためには、自分の価値観と強みの把握が重要

☆必要なのは人生の目的ではなく、5年後の理想の自分

☆やりたい仕事よりも、適正に合う仕事を探した方が、天職に出合える可能性が高い

☆天職を見つけるのは難しく「行動」×「改善」×「継続」の粘り強さがキーとなる

☆転職の目的を明確にして「自分の基準」を持てれば、転職は成功できる

☆転職活動は応募数で勝負するのではなく、うまくいっていない部分の改善が最も重要

☆目先のオファー年収や待遇ではなく、長期的視点でオファーを受けるか考えよう

☆転職は「覚悟」を持てれば、誰でもどんな状況でも成功に変えることができる

第3章 メンタルが弱い人の「副業」の考え方

3-1

メンタルが弱い人こそ副業を始めよう

前章で説明をした通り「これからは会社に依存することではなく、自分の専門性を磨くことが真の安定になる」という話をしてきました。しかし未来のことは誰に分かりません。**本業を磨くことが本当に万全かどうかも分かりません。**

なぜなら、いま将来性・専門性のある仕事だったとしても、その仕事が何十年先でも将来性・専門性の高い仕事かどうかは誰にも分からないからです。そこで提案をしたいのが副業です。**副業を始めることは、あなたの本業が苦しくなったときにセーフティーネットとして機能します。また副業は収入面のセーフティーネットだけでなく、メンタル的にもあなたの支えになります。**

もしメンタルが弱い人が本業で稼げなくなってしまった場合……

・間違った転職先を選んでしまう

・その結果また転職活動を始めてしまう
・焦って転職活動をし、再度アンマッチな転職をしてしまう
・短期離職×転職回数が増えて経歴に傷がつき、さらに転職しづらくなってしまう
このような負のスパイラルに入ってしまい、より心を壊してしまう可能性があります。

このような状態にならないように、メンタルが弱い人こそ副業をしていれば、本業がうまくいかなかったときに「経済的・精神的な支え」になります。この精神的なゆとりがあなたのあらゆる選択を正しい方向へ導いてくれます。

また副業を始めることで得られるメリットは、金銭面だけではありません。あなたが想像している以上に、**会社に属さず収入を得ることは、社会人として大きな喜びや成長に繋がります。また自信にも繋がり、自分でビジネスを始める楽しさも味わえます。**

日本の学校教育は会社に属して働くことを前提とした教育制度です。そしてほとんどの親が独立・起業経験がなく、子どもに自分自身で稼がせるという観点を持っていません。これはいままでの終身雇用制度が機能している状態であれば何の問題ありませんでした。

しかし、これからは終身雇用制度が崩壊をし、どんな会社も倒産・リストラをする可能性が

ある時代です。そのため、自分の身は自分で守らなければならない意識が重要です。**そこで大切になってくるのが会社選びではなく自分に合った職業選択です。**これからは個の時代です。さらに本業に依存するのではなく、副業を始めて自分のビジネスセンス・収入面・メンタル面を安定させ、より強固で盤石な生活を目指しましょう。

これはたとえるなら、RPGゲームを始めるときに、武器（本業）だけでなく、守りの盾（副業）も持って冒険を始めましょうということです。備えあれば憂いなし。この攻守万全な状態で進められれば、どんな困難も乗り越えることができ、最終目標の魔王を倒す（未来を幸せに生きる）ことができます。

副業を始めることのメリットは以下の通りです。

- 副収入が得られる
- ビジネスセンスを磨ける
- 楽しみが増え人生が充実する
- より安定した未来を築ける
- うまくいけば独立も狙える

このようなメリットがあるので、メンタルが弱い人こそ副業を始めることを強くおすすめします。

「副業をやった方がよいことは分かったけど、何をやればいいか分からないよ」とあなたは思ったかもしれません。でも、安心してください。第3章では副業を始める理由・メリット・心構え・注意点・副業の選び方・具体的なやり方など、副業について網羅的に理解できるように書きました。

初めは難しいと感じると思いますが、一歩ずつ一緒にやっていきましょう。少しでも実践できれば必ず大きなものが得られることを約束します。

3-2

副業で1円でも稼げると あなたの世界が変わる

副業は会社やお店などの組織に属して、いわゆるアルバイトのように稼ぐ仕事ではなく、会社に属さず自分自身で稼ぐ方法がおすすめです。

具体的に自分でビジネスを行う副業とは、以下のものです。

・自分の商品をつくり販売する
・アドバイスなどをする自分の時間やスキルを販売する
・会社から業務委託やフリーランスとして仕事を請負う
・ブログやYouTubeなどからの広告収益を得る
・代行業務を請負う

会社組織に属さずに自分自身で1円でも稼げた場合、社会人として大きな成長に繋がります。

なぜなら自分で1円でも稼げたことで、ビジネス感覚が大幅にアップデートできるからです。このビジネス感覚がアップデートすることで日々触れる商品やサービスがどういうビジネスモデルなのかを自然と考える習慣がつき、世の中を俯瞰的に見る力を身につけることができます。

現代の資本主義社会では、だいたいのものが営利団体の商品やサービスで日常が形成されています。スマホ、机、イス、テレビ、家、衣服、書籍、医薬品、YouTube、Netflixなど挙げればキリがありません。普段何も考えず利用していたものが、なぜいま流行っているのか？広告媒体は何を使っているのか？　このサービスはなぜ生まれ、どの年齢層をターゲットにしているのか？　**このようなビジネス的な疑問が自然と湧くようになり、世の中の仕組みが理解しやすくなります。**これは副業でマイビジネスを始めた人の大きな特権となり、本業にも大きく役立ちます。

また、**副業でマイビジネスを始めることで起業家精神が身につきます。**極端に言えば、副業は起業と本質的に同じです。僕も会社員経験のみの時代と比べると、独立をした現在ではかなり視野が広がったと自負しています。また個人でビジネスを始めることでいままで知らなかった税金のこと、お金の流れ、社会保障、政治経済、社会常識を自然と学ぶようになりました。

いままでは「他人ごとだった社会」が、自分の利益と直結することを体感し、より自分ごととして考えられるようになりました。

これは副業で月数万円稼ぐことよりも、同等もしくはそれ以上に価値のあることだと考えています。中にはここまで深く考えず副業している人もいると思いますが、そういう人は非常にもったいないです。**もしあなたがこれから、副業を始める、もしくは副業をすでにしているのであれば、ぜひバーチャル起業家精神・経営者目線を意識してみましょう。大げさではなく世界が変わります。正確には世界や社会の見方が変わります。**

また従業員経験しかない人と、副業でビジネスをした経験がある人とでは、本業でも大きな差がつきます。なぜなら広義の意味でマーケティングレベルが上がるからです。自分でビジネスを始めると、どうすれば自分の商品やサービスがもっと売れるかを考えるようになります。これはどんな仕事であっても本業で役に立つ観点で、会社員しかやってきていない人よりも俯瞰的な視点で考えることができます。

たとえて言うなら、従業員経験しかない人は建物を正面や左右から見るだけで、副業をしている人は正面や左右から見て、さらにドローンを使って上空からも見られる感覚に近いです。

このように副業で起業家精神を持つことでいままで見えなかった世界が見えるようになり、どこでキャッシュ化しているのか？　メインターゲットをどこに設定しているのか？　どういう意図でプロモーションを図っているのか？　を考えられるようになります。

さらに自分で考えたビジネスは上司や経営層に伺いを立てる必要がなく、自分自身で実行・完結ができます。**このいままで経営層しかできなかった裁量権や決断を、自分だけで完結できるのは非常に貴重な体験です。そして何より楽しいです。**

副業をすることで、起業家精神を持ち、俯瞰的に物事を考えられ、社会がどんな仕組みで回っているのかを理解し、本業にも活かせる。こんなにも多くの学びや気づきが得られて成長できることはなかなかありません。副業を始めないのは損というレベルです。これは収益面の話だけでなく、社会人としての大きな成長に繋がる、人生を楽しく豊かにするという観点からも、メンタルが弱い人こそ副業を始めることを強くおすすめします。

3-3

副業を始めてはいけない人

ここまで副業を始める魅力やメリットなどを中心に話をしてきましたが、副業を始めてはいけない人がいます。それが「本業が固まっていない人」です。

これは副業あるあるですが、本業が固まっていないのに副業に力を入れすぎて、結局本業も副業もすべてが中途半端に終わるというのはよくあるケースです。

副業というのは文字通りサブの仕事です。**中には、本業がうまくいっていないエネルギーを副業で挽回しようとしている人がいますが、絶対にやめましょう。**もしあなたがゆくゆくは副業を本業にしていく覚悟があるのであれば、本業へのエネルギーを下げてもよいと思います。

しかし、自分のコアスキルが固まっていないのに副業に力を入れることは、いま一番大切なことに取り組まず、いま頑張らなくてもいいことに集中していることと同じです。これは期末テスト間近の中学生が、テスト勉強をせずに漢字検定の勉強に一生懸命になっているのと同じくらい間違っています。**収入面、生活基盤の安定を手に入れるのに一番コスパがよいのは、本業を頑張ることです。決して副業に逃げてはいけません。**

副業ではなく転職を優先させた方がいい人の特徴は以下になります。

・専門性や本業と言えるものがない
・いまの労働環境に納得していない
・将来性が低い会社で働いている

このような人は副業ではなく転職を優先させて本業を固めましょう。もし目の前の現実から目をそらし、副業に力を入れてすぎて会社をやめることになったら来月からの生活費はどうしますか？　リアルに想像してみてください。これはかなり危険な選択です。繰り返しますが、本業がある程度安定している上で副業をしないと生活は安定しません。

とくにいまは副業ブームでいろいろな商品やサービスがありますが、いまあなたが何をするべきかをきちんと考えましょう。また年収面から考えても、副業よりも転職を優先させた方が現実的です。現在の年収が４００万円の人が1年間副業したとします。月に3万円を稼げば年間36万円です。年収で考えると400万円＋36万円で計436万円となります。ですが副業で月3万円稼ぐことは簡単ではありません。月に1万円も稼げず副業をやめてしまう人が多いのが現実です。

では転職で年収を上げる方法はどうでしょうか？　同業界×同職種の転職であれば年収アップはそこまで難しくはありません。年収30〜50万円アップは現実的に可能な数字です。さらに転職の場合は、年収だけでなく仕事の専門性やキャリアの深掘りができます。

このような正攻法な転職をすれば、年収アップ＋専門性の深掘りができ、真の安定に近づけられます。もちろん、人によっては未経験職種への転職を目指す人もおり、一時的に年収が下がるかもしれません。しかし、未経験転職した後のキャリアを考えれば副業を頑張るよりも、本業を固める方が効率的に安定した生活が目指せます。

また、これは専門性の高い仕事への転職を目指す人だけの話ではなく、ハードワークな環境だったり、劣悪な人間関係だったり、年収や休日が少なかったりなど、持続可能でない環境で働いている人も転職を最優先に考えましょう。

大切なことなので繰り返しますが、まずやるべきことは本業を固めて持続可能な安定した生

活をつくることです。完璧でなくていいので、ある程度キャリアの方向性が見えてから副業を始めましょう。昨今、副業ブームに便乗した詐欺が多く、「この副業を始めれば誰でも毎月100万円稼げる」みたいなキャッチフレーズが多く見られますが、そんな副業はありません。嘘ばかりなので騙されないように気をつけてください。

逆に副業をした方がよい人というのは……

・本業の方向性が定まっている人
・本業を活かした副業をしたい人
・独立もしくはいつか本業にするための副業をしたい人
・趣味として副業をしている人
・いまの仕事に満足しているけど給料が低い人

このような人はぜひ副業を始めましょう。

3-4

副業する目的によって手段は変わる

実際に副業を始めようと考え出したら、副業の目的を明確にしましょう。副業を始める理由は人それぞれですが、目的によってどんな副業がマッチしているか？　を考えなければ副業を始めたとしても、結局稼げず途中でやめることになってしまいます。実際にほとんどの人が1年以内に副業をやめてしまっています。

副業を始める主な理由は次の3つに分けられます。

①経済的に苦しくすぐに数万円稼ぎたい人
②稼ぐというよりも趣味を副業にして楽しみたい人
③将来、経済的安定をつくるために副業をしたい人

おそらくほとんどの人がこの3パターンのどれかに当てはまります。そこで各パターンごとにおすすめの副業のやり方について解説していきます。

まず①のすぐに数万円稼ぎたい人のケースですが、このような人におすすの副業は近所の居酒屋でバイトするような労働集約型の副業が一番即金性が高く効率的です。

「いやいや、私はビジネス的な副業をやりたいんだよ」と思われたかもしれませんが、すぐに数万円稼ぎたいのであればバイト、UberEats（デリバリー）、内職、治験などの仕事が一番効率的です。

ここでよく選択ミスをしてしまう人が多いのですが、すぐに稼ぎたいと思っているのにブログなどを始めるのは、根本的に間違っています。確かにブログは副業として非常におすすめです。しかし、ブログは稼げるまでに時間がかかります。

つまり、「すぐにお金がほしいと思っているのに稼げるまでに時間がかかる副業を始めてしまう」といった副業の目的と現実を理解せず、やりたい副業を始めてしまった場合、理想と現実に大きなギャップが生まれ、稼ぐ前に挫折をしてしまいます。

ですので、おすすめの副業と言われている仕事が、あなたの目的にとってふさわしいかどうかをしっかりと検討しましょう。すぐにお金が必要であれば、即金性が高い労働集約型のアルバイトが一番効率的です。

なお、せどりや転売も即金性が高い副業と言われていますが、知識を習得するまでに時間がかかることと、詐欺商材が多いのでおすすめしません。始めてもよいと思いますが、「詐欺が多いこと、簡単ではないこと、専門知識が必要なこと」をすべて理解した上で取り組んでいただければと思います。

次に②の稼ぐというよりも趣味を副業にしたいという人ですが、これはやり方によっては非常に大きな可能性があり、人生を豊かにできる副業です。

そもそも趣味を副業にするというのはどんなことか？　イメージしやすいように実例を挙げてみます。

・ハンドメイド制作・販売
・写真販売・出張カメラマン
・恋愛などのアドバイス
・楽曲制作・販売
・ペットシッター

いまは便利な時代で個人がネット上で自分の商品や強みを販売できるサービスがたくさんあります。こちらを利用すれば、楽しみながら稼ぐことができます。

・例えば……自分の知識やスキルを販売する「coconala」
・自分の時間を販売する「タイムチケット」
・自分の好きなことを発信する「ブログ」や「YouTube」

挙げればキリがありません。中には趣味で始めたのに、いつの間にか本業レベルで稼いでしまっている人も多くいます。

これは好きなことだからこそ上達が早く、お客さんも高品質なサービスを喜んでくれるという好循環が生まれ、稼ぐことに繋がっているケースが多いです。ここで上手にマネタイズできれば本業レベルで稼ぐことが可能です。

もし稼げなかったとしても、自分の趣味が誰かの役に立っているという感覚は、人生を豊かにしてくれます。そういう意味でも趣味を副業にするのは素晴らしいことだと思います。

しかし、副業がおすすめだと言っているのは③の「将来、経済的安定をつくるために副業をしたい人」を指しています。つまりビジネスとしての副業を考えている人こそ、将来のための経済的安定をつくることができます。ぜひメンタルが弱い人こそ将来、経済的安定をつくるために副業を始めることをおすすめします。

副業を副業だけで終わらせてはいけない

ここからはメンタルが弱い人にこそ目指してほしい「将来のために経済的安定をつくる副業」についてお話をしていきたいと思います。**まず結論を先に言うと、副業を副業としてとらえないでほしいということです。これでは意味が分からないと思うので、もう少し噛み砕いて言うと……「副業をゆくゆく本業にする意識で取り組みましょう」という意味です。**

おそらく副業というと、一般的に月に数万円を稼いでいくイメージだと思います。**しかし、僕が伝えたいのは、月に数万円を稼ぐ副業ではなく、5年後に毎月20万円以上を稼げる本業レベルになる副業を目指しましょうという提案です。**

副業で月に数万円でも稼げれば嬉しいですが、簡単ではありません。むしろかなり難しく、ほとんどの人が達成不可能です。つまり考え方によっては、副業で稼ぐことは難しい割に、月数万円しか稼げない副業は非効率だとも言えます。

月に数万円であれば、携帯代の見直しやポイントなどを上手に活用すればクリアできます。ですので、**月に数万円を稼ぐという目標ではなく、長期的視点を持って数年後に本業になる副業を目指しましょう。**

「いやいや、副業で月数万円稼ぐのも難しいのに、月20万円稼ぐなんて無理でしょ」

あなたはこのように思われたかもしれません。確かにいますぐに副業で月20万円を稼ぐことはかなり難しいです。しかし、「5年後に」という条件つきであれば実現可能です。自慢ではありませんが、僕は約1年半で副業で毎月20万円以上を稼げるようになり、結果的に独立をして現在心身ともに豊かに暮らせています。

ただ勘違いしてほしくないのが決して簡単ではないということです。よくある副業詐欺のように「簡単に・いますぐに・誰でも稼げる」ような話ではありません。人生はそんなには甘くないです。

では具体的に毎月20万円以上を稼げるようになるにはどうすればよいのか？　それは自分の得意なことを多角的にビジネス展開していくという方法です。これだけだとイメージが湧かないと思うので僕のケースを実例として話します。

僕はYouTubeを主戦場としてそこからビジネスを派生させています。派生させているビジネスというのは、求人サイト制作、YouTubeコンサル、商品紹介、ブログ、アフィリエイト、商品販売、個別転職コンサルティング、オンラインサロンなどです。

このように転職というジャンルでYouTubeを主戦場にして、そこからビジネスを多角的に派生させ、多くの収入源をつくっています。

僕は父が経営する人材紹介会社にて転職コンサルタントとして従事していました。そこで、他社との差別化と集客目的でYouTubeを始めました。そしてありがたいことにYouTubeチャンネルを見ていただける人が増えて、意図せず収入を得られるようになり、副業という形に変化をしていきました。そして、本業の転職エージェントの数倍以上を稼げるようになりました。

つまり、僕と同じようにあなたの得意ジャンルを見つけ、あなたと相性のよい主戦場を決め、多角的にビジネス展開させて毎月20万円以上を稼げるように長期的な視点で副業を始めましょうという提案です。

ニュアンスとしては「一般的に言われている毎月数万円稼ぐ副業」ではなく「副業でマイビジネスを起業する」といった方が僕が提案する副業のイメージに近いです。

また、副業でマイビジネスを始めることの主目的は「将来のために経済的安定をつくること」ですが、得られるのはお金だけではありません。マイビジネスで稼ぐことの楽しさやおもしろさ、また第4章で詳しく話しますが、ビジネスセンスや普遍的な人間力の向上など、本当に様々なメリットがあります。

ただし、すぐに稼げる方法ではないので勘違いしないでください。ここを勘違いしてしまうと、初めは稼げないので理想と現実のギャップで挫折しやすくなります。あくまで楽しみながら長期目線でマイビジネスを続けていくことがコツです。

副業マイビジネスのメリットは以下です。

・将来のための経済的安定
・マイビジネスで得られる楽しさ
・副業をしているからこそ得られるビジネスセンス・人間力の向上

メンタルが弱い人こそ早いうちから始めておくことを強くおすすめします。

3-6

副業で稼ぐおすすめの方法①

自分の得意を見つけて、その得意を長期的にビジネス展開させる。

「理屈は分かるけど、具体的にどうすればいいか分からないよ」とあなたは思っているはずなので、具体的なやり方について順番に紹介していきます。**まずは自分の得意なこと、どのジャンルでビジネス展開するかを決めましょう。このジャンル決定は非常に重要で、ここを失敗すると稼げません。**

最近のトレンドで稼げるジャンルを言うと……

ダイエット、筋トレ、スポーツ、株式投資、不動産投資、ブログ、節約術、営業スキル、マーケティングスキル、転職、キャリア、プログラミング、ライティング、デザイナー、音楽、起業、自己啓発、美容、英会話、海外暮らし、恋愛、料理、ゲーム、田舎暮らし、ペット、ファッション、YouTube、ミニマリスト、車、キャンプ、サバイバル、スピリチュアル、書籍紹介、占い、サウナ、ノマドワーク……。

このように挙げればキリがないほど様々なジャンルがあります。

ただし、注意しなければいけないのが、いまだけのニーズなのか？　また将来的にもニーズがあるのか？　この2点を意識しなければいけません。とくに僕が提唱している副業はすぐに稼げる副業ではなく、長期で取り組む副業なので、取り組むジャンルが一過性のニーズなのか？　普遍的なニーズがあるのか？　この見極めが重要となります。

また、ジャンル決定において、ニーズと同じくらい大切なのが市場規模です。もしあなたがプロレベルで得意なスポーツがあったとしても、そのスポーツの市場が小さすぎれば月に数十万円稼ぐことは現実的に難しいです。

市場規模が大きすぎても厳しいです。このバランスが難しいのですが、理想は代表的な人が少ないジャンルを狙います。もしくは、代表的な人に勝てる見込みがあるジャンルを狙いましょう。

まずはそのジャンルの代表的な人を目指します。どのジャンルでも代表的な人がいると思いますが、自分の方がもっと刺さる言葉を伝えらえるという自負があればぜひ挑戦しましょう。こちらは長期ビジネスを武器としているので、いま頂点にいる人たちが途中でやめる可能性もかなり高いので、コツコツ継続さえできれば勝機は十分あります。

もしあなたが得意なことがない、あってもビジネスにならないということであれば、遠回りになったとしても、これから数年かけて得意なことをつくりましょう。ただし注意点があります。それがその道のプロを目指すという意識です。

大した知識や実績もない人の話を聞いてくれる人はいません。よく中身が伴っていないレベルの低い人が、商品販売やコンサルタントと名乗って小銭稼ぎをしていますが、長期的に稼ぐことはできません。仮に一時的に稼げたとしても、成長する意欲がない中身のない人は必ず数年でいなくなります。あなたもそうならないように、プロレベルでなくてよいので、プロを目指す意識を持って習得していきましょう。

また、選び方の注意点としては次の3点です。

①あなたが好きなジャンル
②適性が高いジャンル
③その道のプロとなる覚悟が持てるジャンル

この3点を満たしているジャンルを選びましょう。本書の第2章の転職パートで話した天職の見つけ方では、好きなことよりも適性の高い仕事を選ぼうという話をしました。

しかし、副業のジャンル選びについては、自分の興味の有無を意識した方がよいです。なぜなら長期的に取り組む副業マイビジネスでは、あなた自身が主体的に活動していくため、興味がないジャンルだと挫折をする可能性が高いからです。とくにこの長期的サイドビジネス論は、初めは稼げないので強い興味関心、楽しい、おもしろい、この感覚が継続のキーとなります。

3-7

副業で稼ぐおすすめの方法②

　自分が長期目線で取り組むジャンルの方向性が決まったら、そのジャンルの専門性や知識を磨き、プロを目指しましょう。しかし、いくらプロレベルであってもあなたを知ってもらえなければ、ビジネスにはなりません。ですので、**自分を知ってもらうための集客とセルフブランディングをやっていきましょう。**

では、集客・セルフブランディングのために具体的に何をすればいいのか？　それはＳＮＳ発信です。ＳＮＳ発信とは、Twitter、Instagram、YouTube、Facebook、ブログなどで自分の情報や知識や知恵を発信することです。すべて無料で使えます。

　ＳＮＳ発信の目的は、自分の信頼性・専門性の周知、認知度の向上、集客です。ＳＮＳで自分をフォローしてくれる人、応援してくれる人が増えれば稼ぎやすくなります。実際に僕はYouTubeで継続的に動画を上げた結果、独立をして書籍執筆させていただくまでに至りました。

しかも、僕は週にたった1本の動画しか上げていません。

ただし注意点があります。くれぐれもあなたが行うSNS発信の目的はビジネスだということを忘れてはいけません。SNS発信と聞くと、趣味や感想を遊びで発信するイメージを持っている人が多いですが、それでは副業でSNS発信を行う意味がありません。繰り返しますが、あなたが行うSNS発信の目的はビジネスです。あなたを専門家として見てくれるような発信をしなければ取り組む意味がありません。

例えば、もしあなたが僕のTwitterやブログを見て、僕の食べたご飯や旅行のことばかりが書いてあったら、おそらくあなたは僕をフォローしないはずです。なぜならあなたが僕に期待していることは、転職やキャリアや仕事などの知識やノウハウだからです。

ここを理解ができない人は副業で稼ぐことは厳しいです。繰り返しますが、SNS発信をする目的は自分が専門家として映るための発信。あなたの知識やノウハウが誰かのためになる有益な発信。あなたを信頼してもらうための発信。いわゆる自分をブランディングするための発信ということをしっかりと理解してください。

ここまででＳＮＳ発信についての魅力、考え方については理解してもらえたと思います。次に大切なのがどのＳＮＳを主戦場としていくかです。やり方としては、まず一度全部やってみるのがおすすめです。

「それじゃあ、答えになっていないじゃないか」と思われるかもしれませんが、これはどのジャンルに取り組むのか、あなたとの相性など、様々な要因があるので一概には言えません。ですので、**どのＳＮＳが相性がいいか？　継続できるか？　楽しいか？　ここを確認するために一度全部やってみることをおすすめします。**どのＳＮＳをやっていくにしろ、主力のＳＮＳを決めることは重要です。

もしあなたが副業マイビジネスだけに時間を費やせるなら別ですが、そうではないはずです。むしろ僕は本業＋長期的副業マイビジネスをおすすめしているのでなおさらです。ですので、限られた時間でやらなければならないため、**すべてのＳＮＳを中途半端にやるくらいなら、自分と相性のよいプラットフォームに集中した方が必ず結果が出ます。**なお余談ですが、このように弱者が限られた資本で戦うことをランチェスター戦略と言います。

ＳＮＳを始めたころは反応がないので苦しいですが、「行動」×「改善」×「継続」を地道にやっていけば必ずフォロワーは増えます。ただ勘違いしている人が多いので強調しますが、改善せずただ継続だけすればうまくいく訳ではないので注意をしてください。

なお取り組むジャンルやあなたとの相性を度外視して、僕がおすすめするＳＮＳ媒体はYouTubeとブログです。なぜならYouTubeもブログも広告収入が得られるからです。ただしYouTubeは稼ぐまでに登録者１０００人などの条件をクリアしなければいけません。ブログも見てくれる人がいなければ、広告収入もアフィリエイト収益も難しいです。

しかし、１円でも広告収入を得られるのと、全く稼げていないのとではマイビジネスを継続させるモチベーションが大きく変わってきます。またYouTubeとブログは長期的なブランディングとしても相性がよいので、そういう意味でYouTubeとブログはおすすめです。

なおブログは記事を読むという機能だけでなく、自分の活動を分かりやすくまとめるホームページとしての役割もできます。ある程度マイビジネスが進んだタイミングで必ずつくりましょう。どんなに素晴らしい事業をしていたとしても、ホームページがなかったら信頼を獲得できません。個人ビジネスで一番重要なのは「信頼」です。

副業で稼ぐおすすめの方法③

自分が長期目線で取り組むジャンルの方向性＋SNSでの主戦場が決まったら、**ここからは自分の商品をつくりましょう。どんなにSNSでフォロワーやファンが増えても自分の商品がなければ稼ぐことはできません。**

「でも自分の商品なんてどうやってつくればいいのか分からない」
「自分のつくる商品なんて売り物になるかどうか分からない」
「商品なんてつくっても売れる訳がない」

あなたはこのように考えると思います。その気持ちは非常に分かります。しかし、**初めはクオリティが低くてもよいので、自分の商品をつくっていくことをおすすめします。**これはどんなことにも共通する話ですが、初めからクオリティの高い商品や作品はできません。いま売れている商品や作品も、表からは見えない過去に売れなかった屍《しかばね》の上に存在しています。ですので、売れなくても、購入者が満足をしてもらえなくても、つくり続けてクオリティを上げることが大切です。

ただ勘違いしないでほしいのが、雑に商品をつくり続けろということではありません。大切なのは、あなたのベストを尽くして商品をつくり続けることです。商品をつくり続けることで、知識の習得、専門性の深掘り、ＳＮＳ発信の精度、すべてのレベルを上げることができます。ですので、臆せず自分の商品をつくり続けましょう。

では具体的にどんな商品をつくればよいのか？　それは在庫や場所代が不要な商品です。具体例を示しましょう。

・有料記事や有料動画の販売
・Amazon Kindle出版
・アドバイス、コンサルティング
・広告収入
・商品紹介（アフィリエイトやタイアップなど）

これはどんなジャンルに取り組むかによって変わってきます。また、できるだけ低コストで進めたいので、なるべく在庫を抱えず場所代もかからない商品をつくりましょう。

とくに商品の価格設定だけは気をつけなければいけません。価格設定を誤ると、情報商材詐欺と評され、信頼性を落とし、長期的に稼ぐことができなくなってしまいます。

よく「副業で100万円以上稼ぐ方法」といった情報商材や高額サービスがありますが、ほとんどが価格相応の価値はありません。だいたいの結論がダイレクトメールやLINEなどに誘導し、100万円以上のコンサルや高額商品を販売しましょうという詐欺を推奨する内容ばかりです。

このような稼ぎ方は一時的に稼げたとしてもいつしか悪い噂が広まり、長期的に副業で稼ぐことができなくなってしまいます。悪魔に魂を売るような価格設定は絶対にやめましょう。長期的に継続して稼ぐという観点を持っていれば、邪念は防ぐことができるはずです。

ですので、価格設定は競合する他社の商品と同等の金額にしましょう。ただその中でもできるだけ高い価格にして、サポートや特典をつけていった方がビジネスはうまく回ります。**どんなビジネスをするかで変わりますが、基本的に薄利多売はおすすめしません。**

また商品をつくるときにはこのように考えましょう。

「私のつくる商品が誰かの悩みを解決し、誰かの人生を変えるキッカケになるかもしれない」

適正価格の商品づくりは詐欺ではありません。臆せず、誠意を持ってよい商品をコンスタントにつくっていきましょう。後は長期目線を持って前進あるのみです。

副業マイビジネスで、将来のための経済的安定、マイビジネスで得られる楽しさ、副業をしているからこそ得られるビジネスセンスなど、本当に始めないと損なほどたくさんのことが得られます。**本末転倒ですが、稼げていなかったとしても、自分がつくったビジネスが誰かに喜んでもらえたときには嬉しいものです。人生が充実します。ぜひメンタルが弱い人こそチャレンジをしましょう。**

3-9

副業が失敗する人の特徴10選

ここまで本書を読んで、あなたの副業へのモチベーションが高まってきたかもしれませんが、あえてここで厳しい話をしたいと思います。**それは副業を諦めてしまう人が多くいるという現実です。**僕は他者の成功例は再現性が低いと考えています。しかし、他者の失敗例を避けることは再現性が高く成功に近づけられると考えています。ですので、ここで副業で失敗する人の特徴について話をします。

副業で失敗し諦めてしまう人の特徴10選は以下の通りです。

①初期投資にお金をかけすぎる
②早く稼ぎたいと焦って高額商材（詐欺）に手を出す
③短期的に稼ぐこと期待する
④意味のないところにお金とエネルギーを使う

⑤時代の流れを考えない
⑥改善点を意識しない
⑦地道な努力ができない
⑧苦しいときに踏ん張れず継続できない
⑨自己投資、自己研鑽する意識がない
⑩他者貢献の意識が低い

この10選に多く当てはまっていればいるほど、副業が成功する可能性は低いです。ここで意識をしてほしいことが3つあります。

①とにかく低コストで進める
②「行動」×「改善」×「継続」を意識する
③自分のビジネスが他者貢献に繋がるイメージを持つ

まず①の低コストで進めるという点ですが、**高いモチベーションでいきなり100万円単位の初期投資をして副業を始める人がいますがおすすめしません。**背水の陣を自ら敷いて追い込むという方法がありますが、長期目線の副業では危険です。なぜなら赤字が続き焦り始め、藁をもつかむ気持ちで詐欺商材に手を出してしまったり、本業がおろそかになったり、余裕がなくなって正しい選択ができなくなる可能性があるからです。

ですので、メンタルが安定した状態で進められるように、初期費用や毎月かかる費用がなるべくかからないように取り組みましょう。投資するフェーズは副業がうまくいってからで問題ありません。**副業を始めた初期段階では「稼げないからこそ費用を抑えて、メンタルを安定させた状態で地道に継続させる」という意識が非常に大切です。**ただし適正な自己投資・自己研鑽は必須です。

次に②の「行動」×「改善」×「継続」を意識するという点ですが、この3つのどれか1つだけでも欠けてしまうと副業の成功確率は大きく下がります。

・思考停止で改善せず継続する
・改善点を見つけても行動しない
・改善点を見つけて行動しても継続しない

このようにどれか1つでも欠ければ副業成功は難しいです。なお、「行動」×「改善」×「継続」は副業の話だけでなく、何かを成し遂げる上では必須の成功法則だと僕は考えています。

次に③自分のビジネスが他者貢献に繋がるイメージを持つという点ですが、継続性を維持するのにこの考え方は重要です。とくに僕が提唱している副業は、長期で取り組む方法なので、初めは稼げない可能性が高いです。稼げない状態で副業をしていると「自分は何のためにやっているのだろう？」と考えてしまい、挫折する可能性が高まります。このネガティブ感情を防ぐために、自分自身でモチベーションを維持する必要があります。

そのときに自分のやっている活動が、「これは1年後に誰かのためになる仕事なんだ」と未来をワクワクして考えられるかどうかがポイントです。稼げるイメージを持つ方がモチベーションが上がる人は「これは3年後に自分が経済的安定を手に入れるために必要な時期なんだ」に変えてもいいです。

これも副業だけの話ではありません。うまくいっていない現在だけにフォーカスして諦めるのか？　未来にワクワクしたイメージを持って取り組み続けられるのか？　ここが成功できるかどうかの運命の分かれ道になると僕は考えます。

あなたがこれから副業を始めるとき、もしくは副業を始めて壁にぶつかったときに、このポイントをぜひ思い出してください。メンタルが弱い人こそ、モチベーション管理や工夫は強く意識しなければなりません。逆に言えばこれさえできれば絶対に副業で稼ぐことができます。

3-10

副業に挑戦することで広がる未来

第3章では副業の魅力・メリット・手段・具体的な方法・マインド面について話をしてきました。後はあなたがやるか？　やらないか？　だけです。これは副業に限った話ではありませんが、**どんな情報も行動に移さなければ、あなたの人生に大きな変化をつくることはできません。**知っているのと、やってみるとでは、決して埋められない大きな壁が存在します。自転車の乗り方をいくら勉強しても、実際に乗ってみなければ分からないというのと似ています。

大切なのは行動に移すことです。90勉強・10行動する人と10勉強・90行動する人では、間違いなく後者の90行動する人の方が成功できます。

もしかしたらあなたは本書を読むことをキッカケに副業を始めて、3年後にその業界で有名人となり、毎月50万円以上を余裕で稼ぎ、独立をして、在宅ワークで自分のペースで仕事をし、ストレスフリーな生活をしているかもしれません。

反対に本書を読んで、「こんなの机上の空論だ」と考え、結局何もせずにいまの人生の延長を過ごすかもしれません。

できれば前者のような気持ちでいていただきたいですが、あなたがどちらの考えを選択するかは自由です。しかし、行動しないと現実は変わらないのは間違いありません。実際に副業を始めない言い訳はいくらでも考えられます。

・副業する時間なんてない
・副業ができるほど心にゆとりがない
・ウチの会社は副業禁止だからそもそも始められない
・副業で稼ぐなんてただの夢物語
・好きなことがそもそも見つかる気がしない

副業を始めない理由はたくさん見つかります。その気持ちも分かります。ただ僕が一番伝えたいことは、小さな一歩でもいいので行動してみませんか？　ということです。

あなたの現在はいままでの小さな選択の連続の結果です。そしてあなたの未来がハッピーになるかどうかは、これからの小さな選択の連続で変わってきます。

僕の例を紹介させてください。僕がYouTubeを始めたキッカケは、ある本に「これからの集客はYouTubeだ」と書いてあったことでした。最初は顔出しするのが恥ずかしく、映像で見る自分の姿や声に大きな違和感や恥ずかしさを猛烈に覚えました。また同業者にバカにされるのでは？　なんて考えることもありました。しかし、あのときに「うまくいくか分からないけど、まずやってみよう」と考えた自分をいまは褒めてあげたいと強く思っています。

もしあのときに「YouTube動画で転職ノウハウを見たいニーズなんてないし、意味ないからやめておこう」と考えていたら間違いなく「メガネ転職コンサル」としての僕は存在しておらず、本書を執筆することもありませんでした。正直に言えば、いまの状況を全く想像していませんでしたが……**あのときの小さな一歩が、いままでにはなかった新しい未来をつくってくれたことに間違いありません。**

良いことも悪いことも含めて人生何が起こるか分かりません。生きているといろいろあります。きっとこれからも予測不可能なことが起こるはずです。でも何が起こるか分からないからこそ、後悔しないように少しでもやれることから始めてみませんか？

副業を始める未来と何もしない未来。必ず大きな違いがあります。
・自分に向いていそうな副業を探してみる
・副業のために1日10分だけ勉強してみる
・会社の副業についての規約を確認してみる
・副業用のInstagramやTwitterアカウントを開設してみる
・個人ビジネスをやっている人のサイトを覗いてみる

小さな一歩があなたの未来を大きく変えます。僕はどんな経歴、年齢、学歴の人でも、本気でやれば人生は変わると確信しています。ちょっとしたキッカケで人は大きく成長できます。実際にそういう人をたくさん見てきました。そして僕自身もそのひとりで居続けたいと願っています。

きっと本書を読んでくれているあなたはかなりの勉強家だと思います。しかし、残念ながらここから行動に移せる人はきっと数%の人だけだと思います。あなたがその数%の行動できる人であることを強く願っています。一緒に頑張っていきましょう。

第３章ポイントのまとめ

☆メンタルが弱い人こそ副業を始めて経済的・精神的なセーフティーネットを持とう
☆副業でバーチャル起業家精神を身につけられれば、あなたの世界は変わる
☆副業を始める前に転職で本業を安定させることが先決。優先順位を間違えるのは危険
☆副業の目的によって、取り組む副業ジャンルは変わる
☆副業は数年単位の長期視点で楽しみながら稼ぐマイビジネスが一番おすすめ
☆マイビジネスのジャンル決定は「興味×適性×プロ志向」が重要
☆無料で使えるＳＮＳを駆使してセルフブランディングと集客を継続して行う
☆自分の商品をつくり続けることが重要
☆副業は「低コスト×継続×他者貢献」の３つの意識が成功の秘訣
☆副業を始める小さな一歩があなたの人生を大きく変える

第4章

新時代のキャリア論「パーソナルキャリア」のつくり方

4-1

「転職」「副業」の2軸思考でパーソナルキャリアを形成する

第2章で解説した「転職」の考え方と、第3章で解説した「副業」の考え方をもとに実行できれば、あなたのキャリアを変える最強の生存戦略になります。なぜなら**経済的・精神的側面の両方を安定させる「攻守最強の働き方」となる**からです。これはメンタルが弱い人こそ目指してほしい基本戦略です。

「転職」と「副業」の2軸を簡単にまとめてみましょう。

①転職で自分に合った天職を見つけ、社会的混乱が訪れても安定した生活ができる【守】
②副業で長期的マイビジネスをつくり、本業収入を上回る可能性を手に入れる【攻】

僕が提唱する自分の天職（守）に出合えれば経済的・精神的に安定した生活ができます。さらにこれだけで終わらせず、副業（攻）として長期的なマイビジネスをつくることで、会社員では決して手に入らない青天井の収益源が手に入ります。**そして会社に依存しない生き方の可能性を増やし、経済的・精神的安定をより強固にできます。**

また、副業で自分の好きや得意に取り組むことができれば、趣味に近いもので稼げるようになるため、人生の充実度や幸福度が上昇し、ハッピーな未来に繋がります。夢物語に聞こえるかもしれませんが、長期目線で取り組めば誰でも実現可能です。

そして第4章で最も僕が伝えたいのが、この転職と副業の2軸を実行し、収入面だけでなく、もっと内面のパーソナルキャリアを磨き、仕事もプライベートも生きやすい世界を目指しましょうという提案です。

パーソナルキャリアとは、以下に定義する力です。

・特定の職種の専門性やスキルに依存しない
・どんな年齢・環境・社会でも通用する
・普遍的かつ本質的な生きていく上で必要な能力

近い言葉で言うと「ビジネス力」や「社会人基礎力」などがありますが、このような言葉は会社員として必要な能力を連想させるので僕が伝えたい能力とは異なります。

また本書を書くにあたり、僕が考える普遍的で本質的な生きていく上で必要な能力を表す言葉を調べたところ、「ヒューマンスキル、ポータブルスキル、パーソナルスキル」といった近しい言葉がありましたが、あまり一般的な用語ではなく、また内容も少し違うため、本書では**パーソナルキャリア＝「普遍的な人間力」**と表現させていただきます。

パーソナルキャリアを磨くメリットを並べてみます。

・仕事がうまくいき稼げるようになる
・人から好かれるようになる
・趣味や好きなことが充実して楽しくなる
・目標が達成しやすくなる
・転職活動で高く評価されるようになる

まさにメンタルが弱い人が手に入れられれば、メリットが多いことばかりです。

また、これからの厳しい不確実性の高い時代を生きていく上では、表面的に見えるものばかりだけでなく、もっと本質的な部分を磨いていく必要があります。

ここまでは話を分かりやすくするために収入面を前面に出していますが、物質主義、高年収至上主義、他者評価、社会的ステータス……このようなことがもてはやされる時代は終わります。価値観の多様化はさらに進み、個人の尊厳をベースにした社会へと移行するでしょう。

いくら仕事がうまくいっていても、家庭が壊れていれば、ハッピーな人生とは言えません。逆も、しかりです。だからこそすべての根幹部分のパーソナルキャリアを磨いていく必要があると考えます。

パーソナルキャリアを磨いていくには、転職と副業の2軸を実行することが最も直接的かつ効率的です。これから紹介する8つの能力習得は簡単ではありませんが、意識するところから始めてもらえれば大丈夫です。逆にいきなり高みを目指してはいけません。この8つのパーソナルキャリアは仕事だけでなく家庭、友人、人間関係、目標、夢、趣味など、あなたの人生がハッピーになる普遍的な能力ですので、ぜひこの転職と副業の2軸を実行し焦らず取り組んでいただければ幸いです。では順番に解説をしていきます。

4-2

パーソナルキャリア①

コミュニケーション能力

メンタルが弱い人こそ手に入れたい「転職」「副業」の2軸思考で得られるパーソナルキャリア1つ目は「コミュニケーション能力」です。コミュニケーション能力は大切だと至るところで言われていますが、これからの時代はよりコミュニケーション能力が求められる時代になります。

なぜなら単純な繰り返し作業は徐々に自動化し、様々な仕事がＡＩ化、システム化していく社会になるからです。そのため自動化できる仕事は自然と淘汰され低年収化します。**そして、AIや機械が苦手なコミュニケーション能力が重宝される時代になります。**

これはＡＩの発展前から言われていますが、新入社員に求める能力は毎年断トツでコミュニケーション能力です。これはあらゆる集計データを見ても同じ結果です。**つまりAIや機械が発達する前からコミュニケーション能力は普遍的に求められる能力だったと言えます。**

なおここで言うコミュニケーション能力の定義は以下の通りです。
①立場と状況を理解する力（メタ認知力）
②相手が言っている内容を理解する（ヒアリング能力）
③相手に的確に伝える力（伝達能力）
この3つを総称してコミュニケーション能力と定義しています。

コミュニケーション能力と聞くと、伝える力ばかりがフォーカスされ、一方的に話すプレゼン力をイメージされることが多いですがそれは違います。プレゼン力だけがコミュニケーション能力ではありません。むしろ相手の話を聞かずに一方的に話す人は、人間関係構築が下手でコミュニケーション能力が低いとすら言えます。

ではなぜ転職と副業の2軸がコミュニケーション能力向上に繋がるのか？　それは、相手目線の力が身につくからです。

相手目線で考えられる力はビジネスを成功させる上で必須な能力です。ビジネス用語で言えばマーケティング力です。マーケティング力がなければ、副業でのマイビジネスは絶対にうまくいきません。

順序立てて考えると、以下にまとめられます。

・副業のマイビジネスが、どうすればうまくいくかを考えるようになる
・うまくいくかを考えることは、お客さん目線＝相手目線を考えることになる
・相手目線を意識する癖がつき、相手が何を求めているのかが分かるようになる
・相手が何を求めているのかが分かり、どう伝えたらよいかが分かるようになる

端的に言うと、この順序で相手目線の力が養われます。さらに相手目線が身につくと、コミュニケーション能力に含まれるメタ認知力、ヒアリング能力、伝達能力も自然とレベルが上がります。

そしてこの能力を総称したコミュニケーション能力を伸ばすことができれば、仕事、家庭、友人、恋人など、様々な人間関係の機微を理解して対応できるため、ストレスのない生活を送れるようになります。

もちろんコミュニケーション能力は転職や副業をしなくても身につけることはできます。**しかし、副業でマイビジネスをやっている人とやっていない人とでは、相手目線の力やマーケティング力の差は大きく、次元が違います。**これは体感値が大きい話なので伝わりづらいですが、副業で成功している人には納得してもらえる感覚でしょう。ですので、メンタルが弱い人こそ、ひとつ上のコミュニケーション能力を習得して、生きやすい世界を目指してください。

人の悩みやストレスは人間関係が9割と言われているほど、人間関係は大切なことです。「仕事がつまらなくても人間関係が良好な人」と「仕事は楽しいけど人間関係が劣悪な人」がいたら、あなたはどちらの人の方がストレスが大きいと感じるでしょうか？

また僕が第2章と第3章で提唱した転職で自分に合った仕事を見つけ、副業でマイビジネスをつくり、パーソナルキャリアを高めることができれば、「仕事が楽しく人間関係が良好な状態でストレスの少ない生活」ができます。

大切なことなので何度も繰り返しますが、メンタルが弱い人こそ転職と副業を始めて、パーソナルキャリア（普遍的な人間力）を磨き、ストレスの少ない安定した生活を目指しましょう。

4-3

パーソナルキャリア②
セルフブランディング力（客観的視点）

メンタルが弱い人こそ手に入れたい「転職」「副業」の2軸思考で得られるパーソナルキャリア2つ目は「セルフブランディング力」です。**セルフブランディング力というのは「あなたの強みを自身で理解し、相手に対してそのパーソナリティを分かりやすく伝え、差別化する力」を言います。いわゆる自分をブランド化するという意味です。**別の言葉ではセルフプロデュース（もっと砕けて言うとキャラ設定）とも言います。

「いやいや、セルフブランディングなんてやっているのは、詐欺まがいの痛い奴だけでしょ」とあなたは思われたかもしれません。とくにTwitterやInstagramにいる「私は数億円稼いでおり、私みたいになりたい人は超高額サービスを受講しましょう」と謳っている痛いセルフブランディングの人を見ているでしょうから。

このような人たちは、自分が稼いでいるように見せるため、高級車やタワマン生活、ブランド品などの写真をＳＮＳなどでアップロードし、セルフブランディング・集客をしています。いわゆるネットワークビジネスをしている人たちと似ています。なおこのような写真は、高級車はレンタカー、タワマンは撮影スタジオがほとんどです。基本的に詐欺なので、あなたは騙されないように注意をしてください。

セルフブランディングと聞くと、悪いイメージを連想されるかもしれませんが、僕が伝えたい能力とは違います。

僕が伝えたいセルフブランディング力の本質は「客観的視点の精度向上」です。どういうことかと言うと**「自分の強みを分かりやすく表現し、他者との差別化を図る」**ことです。これは客観的視点がなければ成立しません。

つまり、マイビジネスでセルフブランディングをしていくことは、客観的視点の習得に大きく繋がるということです。

客観的視点の精度向上で得られるメリットは以下です。
・俯瞰して状況を見ることができ、トラブル回避ができる
・仕事が円滑に進み、評価されることが多くなる
・相手がどんな発言を期待しているかが分かる
・相手を不快な気持ちをにせずに話ができる
・論理的に物事を考え、正しい選択ができる

客観的視点の精度を上げることは、仕事・プライベート・人間関係構築の際に有利となり、メンタルが弱い人こそ習得したいスキルです。

また第3章でも話をしましたが、副業でマイビジネスを始めるときには、SNS上でのセルフブランディング力はかなり重要です。なぜなら、SNSであなたが何の専門家なのかを分かりやすく表現する必要があるからです。

なお、僕を参考例として話すと、僕は特徴がないので（自分ではそう思っています）、印象を強くするために丸眼鏡をかけて「メガネ転職コンサル」と名乗っています。「メガネ」×「転職コンサル」で自分が何の専門家なのかを分かりやすく表現し、覚えてもらいやすいようにこの名前にしました（ふざけた名前の方が覚えてもらえるという狙いもありました）。

自分をどう見せればビジネスや人間関係がうまくいくのか？　セルフブランディング力を考えることはマイビジネスだけでなく本業でも有利になる能力です。

逆に客観的視点の精度が低い人の特徴を挙げておきます。

・相手を置き去りにして自分の話したい内容だけを話す
・自分の立場を理解せず空気を読まない発言を連発する
・自分の発言が周囲にイヤな気持ちを起こさせるということを理解していない

ぜひあなたがこのような人にならないように、本業・副業でセルフブランディング力を上げて、客観的視点の精度を向上させ、仕事・プライベートでストレスの少ない生きやすい世界をつくりましょう。

4-4

パーソナルキャリア③
洞察力

メンタルが弱い人こそ手に入れたい「転職」「副業」の2軸思考で得られるパーソナルキャリアの3つ目は「洞察力」です。**洞察力というのは「物事の本質を見抜く力」を指します。**洞察力を高めることができれば人間関係のトラブルを避けてストレスが少ない生活ができます。とくに日本人のコミュニケーションは多くを語らず「言わぬが花」という美学が色濃く残っています。実際に日本語を学び始めた外国人は、「日本語は省略が多く、主語や目的語を省いている点が多い」と感じる人が多いようです。

このように背中で語る、全部を言わない方が礼儀正しい、多くを語らない謙虚さ、はっきり言わない方が丁寧、角が立たない物言い、行間を読む、文脈を読む……など。日本人の多くを語らない奥ゆかしい表現は多いです。反面、すべてを言わなくても伝わるだろうという暗黙の了解という面もあり、言葉の本質を理解せず、間違った解釈、おせっかい、ありがた迷惑などをしてしまっている人もたくさんいます。
そして気づかぬうちに相手を怒らせてしまった、嫌われてしまった、人間関係のトラブルに発展してしまったという人も多いです。あなたも身に覚えはありませんか？

このようなトラブルを避けることができるのが「洞察力」です。 洞察力を高めることができれば次のようなメリットがあります。

・気が利く行動や発言ができ、信頼されやすくなる
・異性から好意を持たれることが多くなる
・分析力が向上し、問題発見力を高められる
・問題解決能力が向上する
・論理的思考力が上がる

このように洞察力を高めることはメリットが多くあります。 また洞察力こそメンタルが弱い人が備えておきたいスキルです。そして、転職と副業を始めれば洞察力を向上できるようになります。なぜなら、副業のマイビジネスを成功させるためには、顧客ニーズの真意を理解する上で洞察力が必要であり、マーケティング力向上に繋がるからです。

もし副業のマイビジネスを始めれば「相手が何を求めているのか？」その真意を見抜く洞察力が自然と身につきます。なぜならマイビジネスを始めることで「相手が何を求めているのか？」を考えることが増えて、効率的に経験値がたまっていくからです。そして、洞察力を鍛えることでマイビジネスがうまくいくようになります。

逆に洞察力がない人は以下のような状態になりがちです。

・人から嫌われることが多い
・仕事がスムーズに進まない
・目標達成ができない
・貧困になりやすくなる
・詐欺に騙されやすい

人生が苦難の連続になってしまい、生きづらい世界と感じるでしょう。このような状況にならないために、メンタルが弱い人こそ「洞察力」が必要になってきます。

洞察力を高めることは難易度が高く、僕も常に勉強中です。しかし、相手が本当に伝えたいことは何なのか？　を常に考えて、相手も僕もハッピーになれるコミュニケーションをいつも心がけています。

まず相手を理解しようとする。相手が求めていることを考える。最適解を考える。この意識の繰り返しが大切です。一緒に頑張りましょう。

4-5

パーソナルキャリア④
問題解決能力

メンタルが弱い人こそ手に入れたい「転職」「副業」の2軸思考で得られるパーソナルキャリア4つ目は「問題解決能力」です。**ここで言う問題解決能力とは「仕事や人間関係、日常生活などで起きるトラブルや問題に対して迅速に解決する力」を指します。**

なお問題解決能力を分解すると、問題を見過ごさず発見できる**「問題発見力」**、どのような状況なのか理解する**「問題把握力」**、問題を解決するために実行する**「問題実行力」**の3つに分けられますが、こちらでは総称して問題解決能力と呼びます。

問題解決能力こそ仕事の本質です。仕事というのは誰かの悩みを解決することで報酬を得て成り立っています。これは資本主義社会の本質です。つまり仕事＝問題解決と言っても過言ではないほど重要だと言えます。

問題解決能力を高めることができれば以下のメリットがあります。

・仕事がうまくいく
・相手を幸せにすることができる
・予想外のトラブルに強くなる
・思考能力が深くなる
・論理的に伝える力が向上する

問題解決能力が向上することでこのようなメリットがあり、問題解決能力こそメンタルが弱い人が備えておきたいスキルです。ではなぜ転職と副業を始めれば問題解決能力を向上することができるのか？　それは副業のマイビジネスを成功させるためには問題解決能力が必須だからです。

先ほど説明をした通り、仕事は誰かの問題解決です。これは副業でも同じです。つまり副業がうまくいっている＝誰かの問題解決をたくさん実行していると言えます。ですので、**本業と副業がうまくいくように考えることは、自然と問題解決能力が向上することに繋がります。**問題解決能力が向上すればプライベートも充実します。

逆に問題解決能力が低い人は以下のようになりがちです。

・物事を論理的に考えられず、仕事のクオリティが低い
・同じようなミスを繰り返してしまう
・トラブルへの対応力が低く、すぐにパニック状態になる
・問題を早期に発見できず、後で大きなトラブルに発展してしまう
・ネガティブ思考になりやすい

このような状況にならないためにも、メンタルが弱い人こそ「問題解決能力」が必要だと考えます。また問題解決能力向上のためには様々な手法がありますが、実践する、体験することが一番効率的に問題解決能力を向上させることに繋がると考えています。

これは問題解決能力だけの話ではありませんが、どんなことでもただ知っていることと、やったことがあることでは、天と地ほどの差があります。知識だけ備えていても実践できなければ価値はありません。自動車の細かい構造を勉強しても、自動車を実際に運転しなければ意味がないのと同じです。すべてはやってみて初めて本当の理解ができます。

だからこそ、上司、友人、書籍、セミナーなどで学ぶべきことはたくさんありますが、実際

に転職と副業を始めることの方が、何倍も効率的に問題解決能力を向上させることができると考えます。よく「百聞は一見に如かず」と言いますが、「百聞は一体験に如かず」の方が正しい表現だと僕は思います。

繰り返しますが、仕事というのは誰かの問題解決をすることです。その問題解決能力を向上させるには、実際に誰かの問題解決をすることが一番効率的です。**ぜひあなたも本書を読むだけでなく、今日、小さな一歩でいいので行動しましょう。その一歩が必ずあなたの人生を変えます。**

4-6

パーソナルキャリア⑤
情報収集力

メンタルが弱い人こそ手に入れたい「転職」「副業」の2軸思考で得られるパーソナルキャリア5つ目は「情報収集力」です。**情報収集力は現代の情報化社会では非常に重要なスキルです。**よく言われていることですが、ビジネスパーソンは朝に日経新聞を読めという規範がありますが、まさに真理だと思います。

情報収集媒体は日経新聞でなくてもよいですが、いま社会的にどんなニュースがトレンドになっているのか、また世界がどう動いているのかを理解しておくことは重要です。

それは最先端の経済ニュースを知っておかないと営業先で恥ずかしい思いをするという確率の低い話ではありません。**社会の動きを知っておくことで副業のマイビジネスによい影響を与えられるかもしれないという考え方から、最新ニュースは知っておいた方がよいという意味です。**

他にも情報収集力を高めるメリットを挙げてみます。

・知識習得に繋がり、説得力が向上する
・仕事ができるようになる
・インプットの精度が向上し、情報の取捨選択ができるようになる
・新たな発想やニーズに気づけるようになる
・雑談の幅を広げられる

もう聞き飽きたセリフかもしれませんが、現代社会で最も大切なのは「情報」です。**しかし、何も考えずに情報収集するのと、副業のマイビジネスに繋げられないかという観点で情報収集をするのとでは、大きな差が生じます。この意識の違いで情報収集力のレベルが変わります。**つまり転職と副業の2軸思考で一歩進んだ情報収集力が身につけられるということです。

もしかしたらあなたは「営業パーソンでもないし、職場で経済の話なんてしないので、情報収集なんて意味ないよ」と思われたかもしれません。確かに情報を活かす目的がなければ、情報収集する価値を見出せないと思います。**しかし、情報収集すれば副業のマイビジネスで大きな売上をつくれるかもしれないと考えれば、自然と情報収集に身が入りませんか？　この感覚**

こそマイビジネスをやっている人の強みになります。

逆に情報収集力が低い人は以下のようになります。

・トレンドを知らず、ビジネスチャンスを逃す
・最新の話についていけず、信用力を落とす
・仕事観が更新されておらず、スピードが遅い
・最新テクノロジーを知らず、非効率なやり方を続ける
・トレンドをキャッチする意識がなく、古い感覚のまま老害化する

情報収集力がないと、時代についていけず、仕事に悪影響を及ぼし、結果的にストレス過多になってしまう可能性があります。これはメンタルが弱い人こそ避けたい状態なので、自分を守るためにも情報収集力を向上させる意識を持つことをおすすめします。

さらに情報収集力を向上させるためにおすすめなのが、アウトプットを意識してインプットをするという方法です。よく友だちに勉強を教えた方が自分の理解も深まると言われていますが、この理論と同じです。アウトプット前提でインプットをすると、情報収集をより質の高い

ものにできます。

なおアウトプットの方法は何でもかまいません。同僚や家族など誰かに話すのでもいいです。TwitterやInstagramなどで発信するなど、あなたが続けやすい形ならなんでもかまいません。ただせっかくならマイビジネスに繋がるＳＮＳ発信でアウトプットすることをおすすめします。

また情報収集する際にもうひとつ意識をした方がいいのが、情報の逆説論を考えるという方法です。ある主張だけを鵜呑みにするのではなく、その逆の主張を考える癖をつけることで、情報を多角的にとらえ深く理解することができます。

いまはネットで情報が簡単に手に入るぶん、嘘の情報や誤った情報が多く存在します。ですので、間違った情報や偏った情報を鵜呑みにして、トラブルや詐欺にあわないように気をつける必要があります。また、逆説論を考えたり調べたりすることで、情報の取捨選択が精度高くできるようになり、トラブルを防ぐことができます。ぜひ、やってみてください。

なお、これは情報収集の話だけではなく、誰かと議論するときやビジネスをする上でも、逆説論を考え、多角的にとらえるやり方は有用な方法です。**ぜひ情報収集力を高め、上手に活用し、あなたが生きやすい世界を目指しましょう。**

4-7

パーソナルキャリア⑥
行動力

メンタルが弱い人こそ手に入れたい「転職」「副業」の2軸思考で得られるパーソナルキャリア6つ目は「行動力」です。**行動力はすべてにおいて一番と言っていいほど重要なスキルです。**本書でも何回も話をしていますが、どんなノウハウや知識があったとしても、行動力がある人には勝てません。それくらい根源的な能力です。

なお、ここで言う行動力とは、勇気を持って物事に取り組む実行力を意味します。ただ残念ですが、ほとんどの人が行動できません。

・転職したいと思っているけどうまくいかず諦める
・副業しようと思っているけど何もしない
・ダイエットを始めたけど続かない
・運動を始めたけど続かない

非常に残念ですが、これが現実です。反対に行動力のある人は、苦しいことがあってもどんどん行動をしていくので、行動していない人と比べると大きな差が生まれます。

行動力を身につけるメリットは以下になります。

・仕事で結果を出せる
・未来のための種まきに取り組める
・人脈が広がり出会いが増える
・自分に自信が持てるようになり、自己肯定感が上がる
・どんなことにも臆せず、チャレンジできる癖がつく

「いやいや、そんなことは分かっているけど自信がないし、怖くて行動できないから困っているんだよ」とあなたは思ったかもしれません。その気持ちは非常に分かります。しかし、このように思う人こそ転職と副業に取り組んでほしいです。なぜなら**行動力を上げるには、行動をしていく癖、チャレンジの習慣が重要で、このチャレンジ癖はまさに転職と副業のマイビジネスを始めることで効率的に得られるからです。**

転職活動した場合……
レジュメ作成、求人応募、一次面接、最終面接、応募承諾、退職交渉、入社

副業を始めた場合……
ビジネスモデルの考案、SNS発信、商品づくり、プロモーション策定、アフターフォロー

このような転職と副業の成功は、チャレンジをしなければ実現することができません。さらに副業のマイビジネスは継続しなければ成功できず稼ぐことができません。よって、**僕が提唱するのは転職と副業を頑張ることで、ほとんどの人が持っていない行動力をひとつ上の次元で獲得することができるという考え方です。**

繰り返しますが、行動力は成功や目標達成の根源です。大切なのはノウハウや知識ではありません。行動力です。**転職と副業を始められれば、安定して充実感のある生活を手に入れながら、将来的な安心も手に入り、人生の楽しみが増えて、ほとんどの人が持っていない行動力を**

手に入れられます。これは一石二鳥どころではないメリットで、取り組まないと損なレベルです。

しかし、いきなり大きなことに挑戦しなさいということではないので、安心してください。転職活動を始めるにしても、副業でマイビジネスを始めるにしても、小さな一歩からで大丈夫です。求人情報を見てみる、転職エージェントに登録をする、求人応募してみる、どんな副業があるかを調べてみる、その始めたいジャンルですでに有名な人のサイトを見てみるなど、本当に小さな一歩でよいので始めてみましょう。

高すぎる目標や遠すぎるゴール設定は、逆にあなたの行動を止めてしまいます。小さなことでも行動ができたら、ぜひ自分を褒めてあげてください。たとえうまくいかなかったとしても「失敗はしたけど自分の行動力レベルは上がった」というように、自分が成長している意識を持ってください。

大切なのは自分を気持ちよい状態にして行動し続けることです。メンタルが弱いと思っている人にはとくに難しく感じることだと思いますが、本当に小さな一歩でよいので気負わずにやっていきましょう。

4-8

パーソナルキャリア⑦
セルフマネジメント力（休む技術）

メンタルが弱い人こそ手に入れたい「転職」「副業」の2軸思考で得られるパーソナルキャリア7つ目は「セルフマネジメント力」です。**つまり自分の肉体と精神を上手に休ませて継続するスキルです。**メンタルが弱い人はセルフマネジメントが苦手な人が多く、頑張りすぎてしまう傾向があります。「休む技術」は現代のストレス社会では重要なスキルと言えます。もし充実した本業やマイビジネスがあったとしても、頑張りすぎて病気になってやめてしまっては本末転倒です。

もし高いセルフマネジメント力が持てれば以下のメリットがあります。

・ハイパフォーマンス状態を維持でき仕事がうまくいく
・肉体的・精神的に余裕がありストレスが少ない
・気持ちに余裕があるため、良好な人間関係がつくりやすい

・困難なことに取り組んでも挑戦し続けられる
・継続的に稼ぐことができる

転職と副業を始めることで、自然とセルフマネジメント力は上がります。なぜなら転職と副業のマイビジネスを成功させるには、必然的にセルフマネジメント力が必要になるからです。

僕が提唱する転職と副業の2軸思考は、転職で天職に就いて安定を手に入れ、副業で長期的マイビジネスに取り組んで、楽しみながら青天井の収入源を手に入れようという方法です。つまり副業で短期的な結果を求めないからこそ、セルフマネジメント力が必須となります。逆に言えば、セルフマネジメント力がなく継続できなければ、マイビジネスを成功させることはできません。

副業のマイビジネスを成功させる＝継続力が必須＝セルフマネジメント力が必須という方程式です。

もし転職と副業を始めてもセルフマネジメント力がなければ、こうなります。

・いつも余裕がなく副業に取り組めないため、何年経っても成功しない
・常にエネルギーがない状態で、仕事の質が低い

・病気になりがちで、本業も副業も定まらない
・ストレスに打たれ弱く、気持ちが沈みがちになる
・睡眠不足となり、主体性を失う

このような負のスパイラルに入ってしまい、セルフマネジメント力がなければ本業も副業も失敗し人生がハードモードになってしまいます。

では具体的にセルフマネジメント力をどう高めればよいか？　僕のおすすめはこちらです。

・無理をしない（休むことを優先する）
・運動習慣をつける
・睡眠管理を徹底する
・食事管理を徹底する
・やらないことを決めて、ストレスになることは排除する

細かく挙げればキリがありませんが、概ねこの5項目のどれかに当てはまります。とくに難しく最も重要なのが**「無理をしない」**ということです。

繰り返しとなりますが、副業のマイビジネスを成功させるには継続力が大切です。無理をす

れば必ず途中で挫折します。「この3カ月は無理をしてでも頑張る」というような期間限定であればまだよいですが、慢性的な無理のしすぎは持続可能ではなく、病気になってすべてがゼロになるリスクがあります。

だからこそ適宜、休んで継続を徹底しましょう。3年だけ全速力で走ることよりも、20年マイペースに気持ちよく走り続けられることを意識しましょう。とくにこれからは人生100年時代と言われており、より長距離走が求められます。

また長期目線の行動は、短期で見れば成果が出ていないように感じることが多いですが、長い目で見れば、長期的な行動の方がリスクが少ないでしょう。ローマは一日にして成らず。ぜひこの認識を持ち、転職と副業に取り組みながらセルフマネジメント力を向上させましょう。

4-9

パーソナルキャリア⑧

やり抜く力

メンタルが弱い人こそ手に入れたい「転職」「副業」の2軸思考で得られるパーソナルキャリア8つ目は「やり抜く力」です。**これは行動力にも近いスキルではありますが、正確には行動力を持続させるためのスキルです。**また2016年ごろからトレンドになっている「GRIT」という言葉を知っていますか？　この「GRIT」と「やり抜く力」はほぼ同義となります。

このGRITという言葉は、一般用語ではなくトレンドワードにあたると思うので改めて説明をします。GRITとは以下の能力です。

①Guts ガッツ（度胸）　：困難なことに立ち向かう力
②Resilience レジリエンス（復元力）：失敗しても諦めずに続ける力
③Initiative イニシアチブ（自発性）：自分で目標を見据える力

④Tenacity タナシティ（執念）：最後までやり遂げる力

この４つの言葉の英字の頭文字を並べてＧＲＩＴと呼ばれています。簡単に言えば「達成できるまで最後までやり抜く力」という意味です。

ＧＲＩＴ、やり抜く力は何かを成し遂げるのに必須な能力で、これからはＩＱではなくＧＲＩＴだと言われているほどです。また非常に重要な能力のため、子どもの教育現場においても「才能よりもやり抜く力を育てる方が大切」だと言われています。そのためどうすればＧＲＩＴを持てる大人になれるのかという研究が、教育現場でいまもなお行われています。

このやり抜く力を手に入れる方法をまとめてみます。

・悔しさを忘れずに覚えておく
・仕事の意義を深く考える
・成功モデルを見つけて真似をする
・目標達成のための道筋を考える
・苦難にしなやかに対応できる楽観性を持つ

やり抜く力を習得するには以上の方法があると言われていますが、抽象的でイメージがしづらいかと思います。そこで**最もおすすめの方法が、転職と副業の2軸に取り組むことで具体的かつ効率的にやり抜く力を身につけましょうという提案です。**なぜなら、転職と副業を成功させるためにはやり抜く力が必須だからです。

もしあなたにやり抜く力がなければ、次のようになってしまいます。

・天職に出合う前に転職を諦めてしまう
・転職活動という孤独でつらい活動を続けられない
・副業のマイビジネスが成功する前に諦めてしまう

また現代は便利な時代になっていっている反面、人間の生命力が弱まっているという意見があります。残念な話ですがこの意見に僕も同感です。ただ正確には、物事をやり抜く力のない人が増えているという感覚です。

それに加えて、第1章で話したように日本経済はこれから苦しくなっていきます。**そうなると厳しい社会でやり抜く力がある人が減り、より貧富の差が激しくなっていくことが予測できます。中でもとくにメンタルが弱い人は自分の特性を考えなければ、より苦しい生きづらい世**

界になってしまいます。

だからこそメンタルが弱い人は「やり抜く力を習得するんだ」という意識を持つ必要があります。そして、**転職と副業に取り組んで、収入面、精神面、自己成長面などを高めて、パーソナルキャリアを獲得し、生きやすい世界を目指しましょう。**

少し余談にはなりますが、いわゆる成功者と言われている経営者の方々とお会いする機会が多いのですが、特段、知能が高いとは思いません。むしろ成功者と呼ばれている人は変わっていて、非論理的な人も多いです。しかし、覚悟や姿勢などのやり抜く力が非常に強く、その気概や経験から、只者ではない雰囲気を感じる人が多いです。

つまり何が言いたいかというと、もしあなたが「自分は頭がよくないし、メンタルも弱いから転職も副業も成功できない」と思う必要はないということです。**繰り返しますが、何かを成し遂げるには知能ではなく、やり抜く力です。そしてやり抜く力は転職と副業に取り組むことで効率的に身につけられます。**決して、気後れする必要はないので、安心してチャレンジしていきましょう。いまやれることをコツコツやっていきましょう。

4-10

パーソナルキャリアが生きやすい世界をつくる

ここまでメンタルが弱い人こそ手に入れたい「転職」「副業」の2軸思考で得られるパーソナルキャリアを8つ紹介しました。**この8つの能力は間違いなくあなたを生きやすくしてくれる重要な能力です。**また転職と副業ということで、仕事という観点で話していますが、仕事だけでなくプライベートでも有効活用できる能力です。

8つのパーソナルキャリアのまとめ

①コミュニケーション能力
②セルフブランディング力（客観的視点）
③洞察力
④問題解決能力
⑤情報収集力

⑥行動力
⑦セルフマネジメント力（休む技術）
⑧やり抜く力

「理屈は分かるけど、難易度は高いし、どの能力も身についているか分かりづらいし、すべて机上の空論じゃない？」と思われた方もいるかもしれません。確かにその通りで、どの能力も難易度が高く、身についているか分かりづらい能力だと思います。

しかし、**何も考えず、何にも挑戦していない人と、パーソナルキャリア（普遍的な人間力）を意識して転職と副業をしている人とでは、仕事力・経済力・人生の充実度など、様々な面で大きく変わっていきます。**なお、ほとんどの人が前者で、何も考えず、何にも挑戦していない人ばかりです。

「でも、そのパーソナルキャリアって副業をしなくても本業の仕事だけでも得られるのでは？」と感じている人もいると思いますが、それは違います。前章でも説明をしていますが、**誰かに雇われて働くことと、副業のマイビジネスで自分が主体的に稼ぐことには越えられない大きな壁があります。**

これは実践しないと分からないところですが、得られる経験値が違います。イメージするならば、同じ仕事をしたとしても、得られる経験値の差が10倍以上変わってくる感覚です。

そこで**このような大きなメリットがあるからこそ、経済的・精神的自由を目指して、転職と副業を始めて、楽しみながら自己成長をしましょうという提案です。**仮に収入面が少なかったとしても楽しみながら、パーソナルキャリアを磨けば、それだけでも大きな価値があります。ただ何度も言うようですが、転職も副業もパーソナルキャリア習得も、すべて一朝一夕にはいかず、決して簡単なことではありません。結果をすぐに求めることは挫折に繋がります。ここは強く強調したいポイントです。

いまはネットで情報が手に入りやすいぶん、どんな情報もタイトル詐欺的要素が多く、また情報の中身が薄く、非現実的なものが多いです。

「3カ月で100万円を稼ぐ方法」
「副業ですぐ簡単に毎月5万円稼げる方法」
「1日たった5分で夢を叶える魔法習慣」

「1カ月で10キロ痩せる方法」
「人生が変わる前世占い」

このようにすぐにあなたの悩みを解決できそうに訴えてきますが、ほとんどが無価値で非現実的な内容やサービスばかりです。

だからこそ僕は「一瞬で手に入る魔法は存在しない」ということを強調したいです。そんな魔法があれば、苦しんでいる人はおらず、世界はもっとハッピーに溢れているはずです。しかし現実は、苦しみ、悩み、余裕がない人で溢れています。

大切なのは「長期目線でいま何をすれば未来がハッピーになるか？」を考えることです。そのために表面的な部分だけでなく、人間の本質であるパーソナルキャリアを磨くことが大切です。魔法は期待せず、日々できることを積み上げていくことが大切です。忘れないでください。

またメンタルが弱い人は、良くも悪くも考え込んでしまう傾向があります。しかし、**その考え込んでしまう傾向はちょっとした発想の転換でうまく活用できれば、楽観的な人よりもハッ**

ピーになれる可能性は大いにあります。つまりメンタルが弱いことが逆に武器になるということです。

次章ではこの点について話します。もしあなたが、メンタルが弱いと少しでも自覚しているのなら、参考になります。反対に、あなたにメンタルが弱いという自覚がなかったとしても、友人、家族、交際相手、配偶者、子どもなど、身近にメンタルが弱い人がいれば、参考になる話ですので、ぜひ読み進めていただければと思います。

第４章ポイントのまとめ

☆転職と副業を始めて経済的・精神的両方を安定させた「攻守最強の働き方」を目指そう

☆パーソナルキャリア（普遍的な人間力）を磨き、仕事もプライベートも充実させよう

☆パーソナルキャリアを磨くには、転職と副業の２軸を実行することが効率的

☆「①コミュニケーション能力」はＡＩ時代に入っていくからこそ重宝されるスキルとなる

☆「②セルフブランディング力」は客観的視点の精度向上に繋がり、人間関係を円滑にするための重要なスキルとなる

☆「③洞察力」は相手が何を求めているのか真意を見抜き、相手目線を獲得できる重要なスキルとなる

☆「④問題解決能力」は仕事の本質で、本業でも副業でも重要なスキルとなる

☆「⑤情報収集力」は副業で大きな売上をつくり、チャンスを増やす重要なスキルとなる

☆「⑥行動力」は成功の源で、最も重要な肝となるスキルとなる

☆「⑦セルフマネジメント力」は上手に休んで継続でき、挫折せず成功させるために重要なスキルとなる

☆「⑧やり抜く力」は、厳しい現代社会で生き抜く上で重要なスキルとなる
☆パーソナルキャリアが身につけば、「生きやすい世界」となって人生が変わる

第5章

メンタルが弱い人こそ最強である

5-1

メンタルが弱いことは悪いことじゃない

結論から言いますが、メンタルが弱いということは悪いことではありません。もしあなたが「メンタルが弱い」という自覚を持っているならば、ネガティブに考える必要はありません。

むしろ上手に活用できれば、あなたのメンタルの弱さは武器になり、新しい能力が獲得できます。この考え方・活用方法・思考法を第5章では詳しく話します。

本書で言うメンタルが弱い人の定義をお伝えしておきます。

・物事をネガティブに考えてしまう
・人からの言動に傷つきやすい
・相手の機嫌を過度にうかがってしまう
・完璧主義で細かいことが気になり行動できない
・自分に自信がなく心配性な性格

・他人と比較して勝手に落ち込んでしまう
・緊張しやすく失敗が怖い

メンタルが強い人とメンタルが弱い人とでは、メンタルが強い人の方が心の防御力が高いため、楽観的で行動力がある人が多いです。そのため成功者と呼ばれている人が多いです。しかし、**これからの時代はメンタルが弱い人こそ現代を生き抜く力が強いと僕は考えています。なぜなら、メンタルが弱い人は自分の特性を活かせれば、メンタルが強い人にはできない思考・発想・配慮・行動ができるようになるからです。**

ただし、勘違いしてほしくないのは、メンタルが弱い人が何も考えず、何も変えようとせず、頑張らなくても、生きやすい世界をつくれるという話ではありません。

そのために次の4つのステップが大切です。

①メンタルが弱い自分を受け入れる
②意識を変える癖をつける
③思考を変える癖をつける
④行動を変える癖をつける

とくに①のメンタルが弱い自分を受け入れるという点が重要です。よくメンタルが弱い人がメンタルを強くしようと頑張っていますが、僕はおすすめしません。

なぜなら、人間には生まれつきの性格があり、もともとの性格を変えようとすればするほど、現実とのギャップに苦しむことになるからです。そして「また自分を変えられなかった。やっぱり自分はダメな人間なんだ」と、より自信をなくして諦めてしまう人が多いです。

ですので、決してメンタルが強い人になろうと考えないでください。ペンギンはどう頑張っても空を飛べません。大切なのはありのままのメンタルが弱い自分を受け入れることです。すべてはここから始まります。飛べない強いペンギンを目指しましょう。

また世の中は適材適所です。メンタルが強い人はメンタルが強い自分を活かして人生を謳歌すればよいし、メンタルが弱い人はメンタルが弱い人だからこその仕事と幸せがあります。

適材適所から外れた目標を立てるから、現実とのギャップ・人間関係トラブル・ぬぐえない違和感を払えず挫折をしてしまいます。メンタルが弱い人はメンタルが弱い人ならではの選択をしていけばいいのです。あなたにはあなたのよさがあります。まずはメンタルが弱い自分を受け入れましょう。

なお僕ももともとメンタルが弱い人間でしたが、いまはそこまでメンタルが弱いとは思っていません。それはメンタルが強い人になろうと努力した訳ではなく、自分自身の思考の癖や、行動の癖を変化させた結果だと思っています。

そしてこれからは多様性の時代です。**いままでの古い価値観では成功ルート・幸せルートの選択肢が少ない時代でした。しかし、これからは違います。一人ひとりが選択できる個の時代で、自分の幸せは自分で決められる時代です。**

副業、パラレルワーク（複業）、ホームワーク、ダブルワーク、独立、起業、フリーランス、LGBT、国籍、年齢、性別、宗教……など、インターネットの進展やコロナの影響から、あらゆる社会的な問題が表面化し、個の多様性が浮き彫りになりました。

ただし、多様性が広がり、個の働き方が選択できるようになったいま、自分の身は自分で守らなければならない、自己責任の時代になったとも言えます。ここが新時代の落とし穴です。

選択の自由がある＝自己責任です。だからこそメンタルが弱い人は自分の特性を活かした選択が必要になってきます。そしてこの考え方こそが、現代におけるメンタルが弱い人の最強の生存戦略になるのです。

5-2

メンタルが弱いのは「ＨＳＰ」という特性かもしれない

あなたはＨＳＰという言葉を知っていますか？　最近では様々なメディアで話題となっている言葉ですが、**「生まれつき感度が高く敏感で、周りからの刺激を過度に受け取ってしまう人」を言います。**

ＨＳＰについてもう少し説明をすると、ハイリー・センシティブ・パーソン（Highly Sensitive Person）の略称で、アメリカの心理学者のアーロン博士が１９９６年に発表した感受性が極めて強い繊細な人のこと指します。

なお名称がついていることから勘違いしている人が多いですが、ＨＳＰは障害や病気ではありません。あくまで特性です。またＨＳＰ気質の人の割合は、統計的には全人口の15～20％と言われており、**決して珍しい訳ではありません。**

HSPには大きく4つの特徴があると言われています。

特徴①：考え方が複雑で深く考えて行動する

・興味のあることは、とことん突き詰める
・一を聞いて、十のことを想像できる
・うわべだけの言葉を見抜いてしまう
・物事をじっくり考えるため、行動までに時間がかかる

特徴②：刺激に敏感で疲れやすい

・人混みや音が苦手
・人とコミュニケーションをとると気疲れする
・感受性が強く、芸術作品に感動して涙することが多い
・他者の些細な言動に傷つきやすい

特徴③：人の気持ちに振り回されやすく共感しやすい

・人の些細な仕草などに敏感で、機嫌を察してしまう

・傷ついている人がいると、自分も同じように感じてしまう

特徴④：あらゆる感覚が鋭い

・冷蔵庫や時計の音が気になる
・強い光が苦手
・匂いに敏感

この4つの特徴すべてに当てはまれば、HSPであると心理学者のアーロン博士は定義しています。あなたにも身に覚えはないでしょうか？

なぜ本章でHSPを紹介したかと言うと、あなたはメンタルが弱いのではなく、世の中の15〜20%に該当するHSPかもしれないという可能性からです。

HSPの人のよくある悩みとしては以下の通りです。

・人の些細な言葉に傷つき忘れられない
・人が怒られていると自分ごとのように感じ体調が悪くなる

・深く考えすぎてしまい行動に移せない
・人が不機嫌になっていないかを必要以上に考えすぎてしまう
・ひとりの時間を設けないと精神的につらい
・緊張していることが多く、人見知り傾向がある

このように繊細な人というのはメンタルが弱い人と共通することが多いです。しかし、HSP＝メンタルが弱い人ではありません。ですが、自分のメンタルの弱さがHSPという特性であれば安心する人もいるかと思い、本書でもHSPを紹介させていただきました。

ただ繰り返しとなりますが、HSPはあくまで心理学者により定義された「生まれつき非常に繊細な人」のことを指すので病気ではありません。HSPに似た症状としては、不安障害、不安神経症、うつ病、ADHD、ASDなどがあります。このような病気には処方薬や対処法があります。

つまり、HSPは「心理学者による定義」であって医学領域ではないということです。仮に心療内科でHSPの相談をしても薬は出ません。ただし、HSPの相談をしに行って病気だったことに気づける可能性もあるので、心当たりがある人は一度病院へ行くことをおすすめします。

また強調したいのが、本書で話すメンタルが弱いというのは「病気ではないメンタルが弱い人」を指します。

「自分はメンタルが弱いからやめておこう」と何かを諦めたり制限する必要はありません。大切なことは自分の適性を考え、特性を活かした選択をすることです。

どんなことでも見方によって、良い面・悪い面の両方が存在し、どのようにとらえるかは自分次第で変えられます。そしてこのとらえ方の連続が、人生を大きく変えます。

つらいことが起きたときに……

・他責にして自暴自棄に走るのか？

・何かひとつでも学び、自分の糧にしようと考えるのか？

イヤな人に出会ったときに……

・攻撃的に立ち向かい、トラブルを起こすのか？

・反面教師として学び、近寄らないようにするのか？

あなたのメンタルが弱かったとしても。あなたがＨＳＰだったとしても。会社でトラブルが起きたとしても。身内が急に亡くなったとしても。**どんな状況に対しても自分のとらえ方次第で、良い面にも悪い面にも変えることができます。あなたはどんな事象に対してもとらえ方の選択ができます。**

「メンタルが弱い＝生きづらい」とあなたは考えているかもしれません。しかし発想の転換ができれば「メンタルが弱いからこそ生きやすい＝強み」に変えることができます。いきなりは難しいと思いますが可能です。この発想の転換についてメンタルが弱い人のよくある悩みから７つの項目に分けました。順番に解説しますので、少しずつ一緒に見ていきましょう。

5-3

メンタルが弱い人の強み①
ネガティブ思考 転換 深い思考

メンタルが弱い人のよくある悩みとして「物事をネガティブに考えてしまう」という特徴がありますが、悪いことではありません。なぜなら**物事をネガティブに考えてしまうということは、発想を変えれば「深く思考ができ、危機回避できる」と言えるからです。**

例えば、商品を届けるという仕事があったとします。もし鈍感で楽観的な人であれば、何の乗り物で、どのルートで、いつ届けるかだけを考えて実行します。

しかし**メンタルが弱い人の場合は、ネガティブに考えてしまうからこそ様々な危険予測が浮かびます。**何の乗り物で、どのルートで、いつ届けるかだけでなく、トラブルがあったときの別ルートの確認、クライアントを心配させないための事前連絡、他の商品も見たいと言われたときのカタログ準備などができます。

この例のように**物事をネガティブに考えてしまうということは、深く思考ができ危機回避能力が高いと変換することができます。**この発想を用いればひとつ上の提案・配慮・サービスに繋げられます。

例えば、このようなものです。

・プレゼンで突っ込まれるポイントを事前に予測し、先手を打って話す
・クライアントが思う懸念点を先回りして解消し、信頼度を高める
・事務処理をするときに凡ミス対策を予測し、間違いのない書類をつくる

もしあなたが、何かに取り組むときに「失敗したらどうしよう」「あの人を怒らせたらどうしよう」「カッコ悪い自分を見られたくない」といったネガティブな発想が浮かんだときには、**まずはネガティブな気持ちを受け入れましょう。そして次に「そうならないためにどうすればいいか？」という建設的な発想に転換をしましょう。**

その成功体験を少しずつ積み上げることができれば、ネガティブな発想が生まれたときに、リスク回避のチャンスが増えたと自動的にとらえられるようになります。一番もったいないの

が、ネガティブな発想が出てきたときに、危険予測だけが膨らみ、逃げ出してしまうことです。これは非常にもったいないことです。

「いやいや、メンタルが弱いからこそ、ネガティブな発想が多く浮かんで怖くなって逃げ出したくなるんだよ」とあなたは思うかもしれません。その気持ちは非常に分かります。

しかし、だからこそ「ネガティブ思考＝逃げる」のではなく「ネガティブ思考＝危険予測＋発想の切り替えチャンス」ととらえましょう。

すべてはとらえ方次第です。苦しい局面に直面して逃げ出してしまうのか？　はたまた勉強になったととらえ、自分の糧とできるのか？　この意識の変化と癖づけが大切です。

メンタルが弱い人は、ネガティブ思考になる人が多いです。ただネガティブ思考になったときに「浮かんだネガティブ思考が現実にならないように、どうすればいいか？　これはチャンスだ」と発想の転換ができれば、危険予測ができているぶん、楽観的な人よりも成功できます。

「でも、そんな簡単に発想の切り替えなんてできないよ」とあなたは思うかもしれませんが、僕も根本がネガティブ思考なので、その気持ちは分かります。実際にこの発想の転換を定着させることは難しいです。

しかし、何度も意識を変える癖をつけていけば、初めは1勝9敗だったのが、3勝7敗、5勝5敗、7勝3敗と少しずつ勝率を上げていけます。**まずは意識を変える癖をつける。次に思考を変える癖をつける。最後に行動を変える癖をつける。このように少しずつ変化をしていけば必ずできるようになります。あなたは大きく成長して、あなたの人生も変わっていきます。**

そして発想の転換が上手にできれば、仕事の成功、副業の成功、人間関係トラブルの減少、プライベートの充実に繋がります。むしろメンタルが弱い人の方が、楽観的で鈍感な人よりも思考が深いので優れている面が多いです。**メンタルが弱い人が、メンタルが強い人になることは難しいですが、もともとの特性を鍛えて上手に活かすことはできます。**

楽観的で深く考えてこなかった人よりも、メンタルが弱い自分を受け入れて、苦難を乗り越え、いまも頑張っている人の方が、人間的に魅力的だと僕は思います。少しずつでいいので、ありのままの自分を受け入れ、意識を変え、思考を変え、行動を変えていきましょう。この繰り返しができれば、必ずあなたの現実は変わります。あなたの未来は変わります。一緒に頑張りましょう。

まとめ

「ネガティブ思考」➡**「深く思考ができ危機回避できる」**へ転換する方法

ステップ①【受け入れる】ネガティブ思考を認めてあげる
ステップ②【意識を変える】危険予測が浮かんだととらえる
ステップ③【思考を変える】建設的に危険予測の回避方法を考える
ステップ④【行動を変える】回避方法を実践する

※①〜④を繰り返して自動的にできるように癖づける

5-4

メンタルが弱い人の強み②

傷つきやすい → 転換 → 共感力が高い

メンタルが弱い人のよくある悩みとして「人からの言動などに傷つきやすい」という特徴がありますが、これも悪いことではありません。なぜなら**人からの言動に傷つきやすいということは、相手の気持ちに寄り添える共感力が高いと言えるからです。**

逆に鈍感で神経が図太い人は傷つきにくいため「自分の発言や行動が相手をどんな気持ちにさせるか？」「どんな影響を及ぼすか？」を想像できない、そもそもその発想がない人が多いです。そのため、よく言えば、周りの空気を読まずに自分の意見を通すことができると言えますが、そのような行動や発言は、ときに人を傷つけ、仕事がうまくいかない原因にもなります。

一方、**ちょっとした一言で傷つきやすい人は「自分の発言が相手をどんな気持ちにさせるか？」を自分ごととしてリアルに想像することができます。**

だからこそ、以下のように転換できるのです。

・相手の気持ちが分かるからこそ、一歩進んだ配慮や提案ができる
・相手の気持ちが分かるからこそ、相手が喜ぶ行動・発言ができる
・相手の気持ちが分かるからこそ、良好な人間関係がつくれる
・相手の気持ちが分かるからこそ、場の空気を読み適切な行動ができる
・相手の気持ちが分かるからこそ、異性から好感を持たれやすくなる

このように傷つきやすく人の気持ちが分かるからこそ、共感能力が高く、良好な人間関係、円滑なコミュニケーションがとれます。これは第4章のパーソナルキャリア①のコミュニケーション能力の部分で詳しく話をした、ビジネスを成功させるために必要なマーケティング力「相手目線で考えられる力」にも直結する大きなメリットです。

「いやいや、よく言えばそうかもしれないけど、傷つきやすいのはかなりつらいよ」とあなたは思われたかもしれませんが、確かにその通りです。

傷つきやすいということは、以下のデメリットがあります。

- 他人の気分に左右されやすい
- ちょっとしたことで落ち込みやすい
- 小さなミスに激しく動揺する
- 職場の周りの目が気になる
- 人間関係で無駄に考え疲れやすい

傷つきやすいということのデメリットは多くあり、生きづらい部分があります。

しかし、このような痛みが分かるからこそ、他者の痛みへの共感能力が高く、人にやさしく、思いやりを持てる人になれます。

そして、ここが発想の転換ポイントです。

- 人の気分に左右される→洞察力が高く人の気持ちを察することができる
- ちょっとしたことで落ち込みやすい→深く反省し建設的な改善点を考えられる
- 小さなミスに激しく動揺する→同じミスを繰り返さないように次に注意できる
- 職場の周りの目が気になる→周りの目線を意識した立ち居振る舞いができる

・人間関係で無駄に考えすぎて疲れやすい→疲れてしまうほど気遣いができている

このように共感力が高いがゆえの悩みは、とらえ方次第で前向きに変えられます。もしこのようなネガティブな気持ちになったときには、その気持ちを排除するのではなく、まずは素直に受け入れましょう。

そしてその後に、「でも、前向きにとらえようとすれば、このようにも考えられる」と意識を変える癖、思考を変える癖が重要です。もし、その発想の転換ができてくれば、自然と行動も変わってきます。そして行動が変われば、現実も変わっていき、メンタルが自然と鍛えられていきます。

繰り返しますが、この発想の転換はかなり難易度が高いです。人間には現状維持バイアスという心理作用があり、変化をすることが苦手な習性があるので、初めはどんな人でも変化することに躊躇します。

しかし、意識を変えるチャレンジを何度も行って、少しずつ癖づけすることができれば、必ずいつか意識しなくても自然とできるようになります。自転車の習い始めは、前を向きながら、重心を意識して、ペダルをこぐ、などいろいろなことを同時に考えて練習をしていたと思います。しかし、練習を繰り返していけば、いつの間にか無意識で自転車に乗れるようになります。この感覚と一緒です。

そんな感覚を目指してネガティブな発想が出てきたら、排除しようとせずに受け入れる。そして意識を変える、思考を変える。そして行動に繋げる。繰り返しゆっくり癖をつけていきましょう。それができればあなたの強い共感力は、仕事でもプライベートでも必ず大きな武器になります。

まとめ

「傷つきやすい」➡「共感力が高い」へ転換する方法

ステップ①【受け入れる】傷ついている自分を認めてあげる
ステップ②【意識を変える】人が傷つくポイントを理解できるようになったととらえる
ステップ③【思考を変える】傷ついたときにどんな対処法があるかを考える
ステップ④【行動を変える】傷ついた自分を前向きにとらえ、傷ついた人を癒す

※①～④を繰り返して自動的にできるように癖づける

5-5

メンタルが弱い人の強み③

周囲の評価を気にしてしまう

転換

客観視できる

メンタルが弱い人のよくある悩みとして「周囲の評価を気にしてしまう」という特徴がありますが、これも悪いことではありません。なぜなら**周囲の評価を気にするということは、自分を客観視する力が強いと言えるからです。**

客観的視点がない人というのは、以下の特徴があります。

・悪気なく無意識に相手を怒らせてしまう
・知らず知らずのうちにいつの間にか人から嫌われている
・自分の立場を理解せず、的外れな発言をしてしまう
・喜ばせようとした行動が相手を不快にさせてしまう
・人間関係構築がヘタで仕事がうまくいかない

また現代ではメール、チャットツール、SNS発信など、オンラインでのコミュニケーションも非常に重要です。客観的視点がない人は、インターネットの世界で間違った発言や行動をし、半永久的にインターネット上に黒歴史が残ってしまうデジタルタトゥーを背負うことになります。これは事実上、社会的抹殺と同義です。

しかしメンタルが弱い人は周囲の評価を気にしてしまうからこそ、客観的視点が強く、そのメリットが多くあります。

・人の立場に立って考えられるため、人間関係が良好になる
・物事を冷静に分析的に考えられ、問題解決がしやすい
・多角的で幅広い視野を持てるため、トラブルが少ない
・自分の立場を分かった上で、適正な発言ができる
・俯瞰して考えられるため、工程・時間管理ができる

「自分は周囲の評価を気にしてしまうタイプだけど、こんなによい特性なんてないよ」とあなたは思われたかもしれませんが、確かにこのようなメリットすべてを備えている人の方が少ないと思います。しかし、逆に言えばこのような強みに転換できる可能性があるとも言えます。

つまり、ここが発想の転換ポイントとなります。
確かに周囲の評価を気にしてしまうということで、「失敗したら馬鹿にされるのではないか？」「変なことをしてしまい嫌われてしまわないか？」「自分の意見は少数派で責められたりしないか？」とネガティブに考えてしまう気持ちは分かります。まずはその気持ちを素直に受け入れましょう。ただ、そのネガティブな発想だけで終わらせるのではなく、意識と思考を変えることも同時に行っていきましょう。

例えば、こんな風に考えてみましょう。
・失敗したら馬鹿にされるのではないか？→失敗しないためにはどうすればいいのか？
・変なことをしてしまい嫌われてしまわないか？
　→変なことにならずに目的を達成させるためにはどんな行動がふさわしいか？
・自分の意見は少数派で責められたりしないか？
　→少数派の意見だったとしても、自分の発言で物事が好転する要素がないか？

周囲の評価を気にしたネガティブな発想が浮かんだときには、まずその素直な気持ちを受け入れる。その後、そうならないためにどうすればいいのか？ そのネガティブな発想から、リスク回避や目的達成に繋がる可能性がないか？　を考えましょう。繰り返しますが、このような意識を変える癖、思考を変える癖が重要です。

意識を変えて、思考を変えて、実行する。この成功体験を繰り返すことができれば、無意識に発想の転換ができるようになります。そして「周囲の評価を気にすること」が「客観的視点を持てる強み」に変わっていきます。簡単ではありませんがいつか必ずできるようになります。

メンタルが弱い人は周囲の評価を気にしすぎてしまうところがありますが、そこを逆手にとることができれば、非常に大きな強みになります。意識を変える癖づけにメンタルが弱いかどうかは関係ありません。一歩ずつ、失敗してもいいのでやってみましょう。

まとめ

「周囲の評価を気にする」⬇「**客観視できる力**」へ転換する方法

ステップ①【受け入れる】周囲の目を気にして、怖くなる気持ちを受け入れる
ステップ②【意識を変える】周囲の目を気にすることを逆手にとる意識を持つ
ステップ③【思考を変える】周囲の目を気にすることで、失敗を回避する方法を考える
ステップ④【行動を変える】周囲の目を気にして、できなかったことに挑戦する

※①～④を繰り返して自動的にできるように癖づける

完璧主義 転換 責任感を持ってやり抜く

メンタルが弱い人のよくある悩みとして完璧主義という特徴がありますが、これも悪いことではありません。なぜなら**完璧主義ということは、仕事への責任感を持ってやり抜く力がある**と言えるからです。

なお完璧主義という言葉は、一見ポジティブに聞こえますが「柔軟性がない・プライドが高い・否定的・視野が狭い・結局何もしない」というように、世間的にはネガティブなニュアンスで使われることが多いです。しかし、完璧主義は間違いなく強みにできます。

逆に仕事に責任感がない人の特徴をまとめてみます。

・仕事が遅く納期が遅れることが当たり前
・仕事のクオリティが低い
・スケジュール管理が甘く仕事が進まない

・仕事が進まないことを人のせいにする
・不都合なことに対して嘘をつく

それに比べて完璧主義の人は仕事への責任感が強くメリットが多いです。

完璧主義の人の強みを挙げてみます。

・仕事のクオリティが高い
・何事にも用意周到
・細部までこだわれる
・自己管理能力が高い
・最後までやり抜く力がある

このように完璧主義の人は優れた能力が多くあり、とくに「最後までやり抜く力がある」というのは何かを成し遂げるには必須の能力です。詳しくは第4章の9項で解説をしていますので、そちらをご覧ください。

「いやいや、そうじゃなくて完璧主義だからこそ、ネガティブに考えてしまう。理想が高すぎて自己批判をする。失敗が怖い。悩みすぎて結局何もしないということになってしまうんだよ」とあなたは思われたかもしれません。

その気持ちは非常に分かります。実は僕も完璧主義なところがあり、いろいろ考えすぎるがゆえに手をつけられなかったり、誰も気にしない細かい部分に無駄に時間をかけすぎてしまったりすることが未だにあります。ただ反面、このようなネガティブな要因に発想の転換ポイントがあると考えています。

まずこれまで説明をしている通り、完璧主義ゆえのネガティブな発想を否定しない、排除しない、受け入れることが大切です。そしてその後**「失敗して当たり前だと考えて、まずはやってみよう」という実験思考が重要です。**これはおすすめの思考法で僕もよく実践しています。

完璧主義な人というのは減点方式で物事を考える癖があり、「これができていない。あれも足りない。こんなんじゃ絶対失敗する。もうやめてしまおう」とマイナス面にフォーカスをしてしまう癖があります。そして、失敗してプライドが傷つくくらいなら「いっそのことやらないでおこう」と考えて結局行動をしない人が多いです。

しかし、失敗して当然だと思って始めれば「まあ失敗して当然だし、成功すればラッキーだ」とある種、諦めの境地で無心で取り組めるようになります。また、実際にうまくいかなかったとしても「失敗例を発見でき、学びになった」と考えることができます。再度チャレンジするかどうかは、やってみた後にまた考えればよいだけです。

「自分に合っているどうかは分からないが、とりあえずやってみよう」という実験思考と確認作業へ発想の切り替えができれば、チャレンジへの心理的ハードルが下がり行動しやすくなります。

完璧主義な人は優秀な人が多いので、エンジンさえかかればうまくいく人が多く、失敗したとしても、その後も諦めずにやり続けられる人が多いです。これは何事にも活かさないともったいない能力です。だからこそ、この実験思考と確認作業という意識で挑戦への心理的ハードルを下げ、取りかかりやすい心境に発想を切り替えましょう。

なお、これは「自分の中で40点でもいいからやってみよう」といった類の話ではありません。自分の中の100点を目指して動けなくなるくらいなら、70点を目指すイメージでまずやってみましょうという意味です。そして、合うか合わないかを実験的・確認作業的にやってみましょうという考え方です。

繰り返しますが、メンタルが弱く完璧主義の人こそ、ちょっとした発想の転換で大きく化ける可能性が高いです。ぜひこの実験思考を活用して、いままでにはないチャレンジをしてみてください。とくに完璧主義の人は仕事のクオリティが高く、細部までこだわれる人が多いので、行動さえできれば人生が変わります。ぜひ完璧主義と上手につき合って、あなたらしい人生を歩んでもらえたら嬉しいです。

まとめ

「完璧主義」➡**「責任感を持ってやり抜く力」**へ転換する方法

ステップ①【受け入れる】完璧主義がゆえのネガティブを受け入れる
ステップ②【意識を変える】実験思考と確認作業としてとらえる努力をする
ステップ③【思考を変える】完璧主義がゆえのこだわりや気づきを武器にする
ステップ④【行動を変える】決して100点は目指さず70点目標でやってみる

※①〜④を繰り返して自動的にできるように癖づける

メンタルが弱い人の強み⑤

自分に自信がなく心配性

転換

リスク管理ができる

メンタルが弱い人の悩みとしてよく「自分に自信がなく心配性」という特徴がありますが、これも悪いことではありません。なぜなら**自分に自信がなく心配性ということは、謙虚で厳しい現実を直視しリスク管理ができる**と言えるからです。

自信がない人こそ成功する可能性が高いと言っている研究者が多くいます。そして何かを成し遂げるには自信のなさや不安感が必要不可欠だとも言っています。

実際にダニングとクルーガーというアメリカのふたりの心理学者が提唱をした「ダニングクルーガー効果」という「能力が低い人ほど自分を過大評価する」という研究結果があります。

能力が低い人は、以下のような特徴があります。

・自身の能力が不足していることを認識できない
・自身の能力の不十分さの程度を認識できない

・他者の能力を正確に推定できない

一方で、自分に自信がない人の特徴は以下の通りです。

・リスク回避の意識が強く、現実を直視できる
・リスクの想定・管理を徹底できる
・リスク対策に対しての努力を怠らない
・謙虚で聞き上手なため敵をつくらない
・素直で勉強家で成長スピードが速い

つまり、**自分に自信がないからこそ、自分に厳しく、徹底した準備ができ、他責せずに地道に努力できるということです。**僕も成功者と言われている人たちにお会いする機会がありますが、自信家でリスクを恐れず行動している人は少ないように感じます。むしろ心配性な性格ゆえにリスク管理が徹底され、納得してから実行をしている成功者が多いと感じます。

「自分に自信がなくて心配性だけど、先に挙げたような強みを感じたことは少ないよ」とあなたは思われたかもしれません。確かにいま挙げた強みは全員に共通する話でないと思います。

しかし、ここに発想の転換ポイントがあると考えます。

例えば、もしあなたが新しい何かにチャレンジをしようと思ったときに、自分に自信がなく心配性な性格のため、以下のようなことを考えるかもしれません。

・自分がやっても失敗するのではないか？
・失敗をして誰かに迷惑をかけないだろうか？
・誰かに馬鹿にされたりしないだろうか？
・取り返しのつかないことにならないだろうか？
・今回は見送ってまた別の機会にした方がよいのではないか？

このように考えて逃げたい気持ちになるかもしれません。まずその気持ちを素直に受け入れましょう。そしてその後に、**チャレンジから逃げた場合のデメリットを考えてみましょう。**もしあなたが目の前の物事から逃げてしまったら、どんなデメリットがあるでしょうか？

・人生の転機を失い、一生後悔をすることになる
・大きな収入が得られるチャンスを失う
・天職に出合える大きなキッカケを失う

・いま勇気を出さないと、あの人と一生結ばれることはない
・いまのうちから対策をしておかないと大病にかかる

つまり、逃げ出したくなったらその気持ちを受け入れつつも「チャレンジしなければ絶対に損をする」というデメリットを強烈に想像して、行動に結びつけましょうということです。自分に自信がない人や心配性な人こそ、リスク回避の傾向が強いので、この特性を逆手にとって活用しようという戦略です。

また、機会損失を嫌うのはメンタルが弱い人だけでなく人間の本能です。実際に2002年ノーベル経済学賞を受賞したダニエル・カーネマンが行った、機会損失の法則（プロスペクト理論）のもととなった実験がありました。この実験結果によると、**人は得をすることより損失を回避することを重視する傾向が分かっています。しかも損をしたときの恐怖は、喜びの感情よりも2・25倍も大きいというデータがあるほど強烈です。**

このように自分に自信がない心配性の人は、やらなかった場合の機会損失にフォーカスできれば、逆にやらなければならないという意識が強くなり行動できるということです。**もしあな**

たが逃げ出したくなったら、その気持ちを受け入れつつも、逆説論としてリスク予測を強烈に想像してみてください。きっと行動せざるをえない気持ちになるはずです。

ぜひ自分に自信がなく心配性という特性を、謙虚で現実を直視できるリスク管理の徹底に転換させて上手に活用しましょう。それこそあなたの強みになる特性を利用しないで生きるのはもったいないことです。

まとめ

「自分に自信がなく心配性」

↓

「現実を直視できるリスク管理対策ができる」へ転換する方法

ステップ①【受け入れる】自信がなく心配性ゆえのネガティブな感情を受け入れる
ステップ②【意識を変える】逃げた場合のデメリットを強烈にイメージする
ステップ③【思考を変える】現実を直視しできる限りのリスク管理・対策を考える
ステップ④【行動を変える】考えられるリスクに対して万全を期して実行する

※①〜④を繰り返して自動的にできるように癖づける

5-8

メンタルが弱い人の強み⑥

他人と比較して落ち込む

転換

成長性が高い

メンタルが弱い人のよくある悩みとして「他人と比較して落ち込む」という特徴がありますが、これも悪いことではありません。なぜなら**他人と比較して落ち込むということは、成長できるキッカケが多く成長性が高い人**と言えるからです。

よく巷では「他人と比較しても意味がない」「他人と比較しない方法」「他人と比較するのではなく過去の自分を比べよう」など他人と比較しないことが推奨されていますが、**僕は「他人と比較しない考え方」はおすすめしません。なぜなら他人と比較せずに生きることは人間の本能的に難しいからです。**

実際に1954年に社会心理学者レオン・フェスティンガーによって提唱された社会的比較という理論があり、簡単に説明すると「人は正確な自己評価を獲得するために自分と他者を比較する」ということです。**つまり、人と比較することは社会で生きる人間にとって当然の本能だということです。**

この人間の本能に逆らって、他人と比較する思考を排除することは非現実的でかなり難易度が高いことです。修行僧のように訓練すればできる人もいると思いますが、かなりの少数派だと言えます。

そこで僕が提唱したいのが、他人と比較する自分を認めた上で、感じたことと上手につき合って活用しようという方法です。この考え方の方がよっぽど現実的で、取り組む価値があると考えます。そもそも僕は他人と比較すること自体を悪いことだととらえていません。

・嫉妬、悔しさ、焦りを原動力にして、より努力ができる
・他人と比較してしまうのは頑張っている証拠になり、自己肯定感が上がる
・自分自身の改善点を発見できる機会になる
・自分よりも頑張っている人を見ることで自分の基準が上がる
・自分よりも下の人を見ることで安心できる

このように他人と比較するメリットは多くあります。またこのメリットを考えれば他人と比較して一時的に落ち込んだとしても、何も問題ありません。むしろ自分を高められるよい考え方だと思います。

そもそも人間というのは、根本的に欲深い生き物だと言えます。欲深いことをネガティブにとらえる方もいるかもしれませんが、「欲深さ」という名の向上心があるからこそ、他人と比較し、隣国と比較し、ときには争い、ここまで文明を開化できたと考えます。どれだけ時代が進もうと、この人間の原理原則は変わらないはずです。

ですので、他人と比較して落ち込む気持ちを排除する必要はありません。それは本能として当然の反応です。間違っていないですし、劣っている訳でもありません。まずはあなたのその気持ちを素直に認めて受け入れましょう。

重要なのは落ち込んだ後に、どう自分の中でとらえて行動に結びつけられるかです。

他人と比較することで落ち込むこともありますが、後にプラスに転換できれば問題ありません。「下の人を見て自信をつけよう」というのは、あまり大声で言える話ではありませんが、人間の本能的な感覚ですので、ぜひこの考え方を活用しましょう。なお、この考え方を先ほど説明をした社会的比較理論では「下方比較」と言います。

重要なことなので繰り返しますが、「他人と比較しないこと」を目指すよりも「比較して感じたことを上手に使いこなす」という観点が大切です。なお、他人と比較することはメンタルが弱いということではなく、人間の本能ということを忘れないでください。あなたの感覚は正常な反応です。ネガティブに感じる必要は一切ありません。他人と比較しようがしまいが、優先すべきことはあなたが幸せになる選択ができるかどうかです。

まとめ

「他人と比較して落ち込む」➡**「成長性が高い」**へ転換する方法

ステップ①【受け入れる】他人と比較して落ち込む気持ちを受け入れる
ステップ②【意識を変える】他人と比較して落ち込むことは本能で悪いことではない
ステップ③【思考を変える】他人と比較することで自分の改善点や安心感に繋げる
ステップ④【行動を変える】比較して感じた負の感情を上手に使い行動に繋げる

※①〜④を繰り返して自動的にできるように癖づける

5-9

緊張しやすい 転換 集中力が高い

メンタルが弱い人のよくある悩みとして「緊張しやすい」という特徴がありますが、これも悪いことではありません。なぜなら**緊張しやすいということは、徹底した準備ができる集中力が高い人**と言えるからです。

緊張というのは悪いニュアンスで、以下のように使われます。

・緊張して、失敗してしまわないか怖い
・緊張して、頭が真っ白になったらどうしよう
・緊張して、変な言動をしてしまい馬鹿にされないか怖い
・緊張して、失敗してしまったらもう人生終了だ
・緊張して、恥ずかしい思いをしないか考えすぎて眠れない

このように「緊張して失敗してしまうかもしれない」という不安と恐怖から悪いニュアンスで使われることが多いです。メディアでも「緊張しない方法」「緊張しないようにメンタルを鍛える方法」など、常に緊張というテーマが特集をされています。正直、僕も緊張しがちなので、その気持ちは非常に分かります。**ただし反面、緊張することは悪くないと考えています。なぜなら緊張と上手につき合えれば、大きなプラスの力に変えることができるからです。**

緊張しやすい人の強みというのは、以下になります。

・緊張しないように徹底した準備ができる
・緊張状態になることでやる気と集中力が高まる
・適度な緊張でいつもよりハイパフォーマンスが出せる
・緊張しいな人は集中力が高い
・緊張しいな人は繊細な人が多く洞察力が高い

このように緊張と上手につき合うことができれば、強みに変えられます。**そもそもなぜ緊張をしてしまうか？　このメカニズムを知っておくことで緊張の正体が分かり、ほどよい緊張をつくりやすくなる**ので簡単に解説します。

緊張とは敵から身を守る防衛本能だと言われています。そして防衛本能が働くことで緊張し、ノルアドレナリンという脳内物質が分泌されます。ノルアドレナリンというのは「やる気」と「集中力」を高める効果があります。逆にノルアドレナリンが全くないとやる気が出ない状態になってしまうので、ノルアドレナリンは人間の原動力となる重要な脳内物質です。ただし緊張しすぎてノルアドレナリンが過剰分泌されると「恐怖の感情」が強くなり、この緊張しすぎた状態が失敗の原因になることが多く、緊張＝悪と定義される所以です。

つまり、緊張は上手につき合えばプラスの力になるが、ノルアドレナリンが過剰分泌された超緊張状態では、恐怖の感情が強くなり失敗してしまう可能性が高まるということです。ですので「緊張することは悪ではない。むしろ自分の能力がプラスされるノルアドレナリンが分泌されている状態」だととらえ、まずは緊張を受け入れ歓迎しましょう。後はノルアドレナリンの分泌量が過剰に出すぎないようにコントロールをすればよいだけです。これは様々な方法がありますが、僕のおすすめは次の５つです。

〜ノルアドレナリンが過剰分泌しないようにする方法５選〜

①緊張している自分を否定しない

②準備と練習を徹底的に行う
③回数をこなして経験を増やす
④丹田（へその下）を意識してゆっくり呼吸する
⑤上手にやろうとしない

よく「面接で緊張してしまうのでどうしたらいいですか？」とご相談をいただき、「きちんと準備をして面接回数をこなしていけば、自然と慣れるので大丈夫ですよ」とつまらないアドバイスをしていますが、これが真理です。

人間の適応能力を侮ってはいけません。初めてのことにチャレンジするときは誰でも緊張しますが、どんな人も繰り返せば必ずいつかは慣れます。逆に「ずっと緊張状態でいろ」と言われてもできないのが人間です。

初めは手を繋ぐだけでドキドキしていた好きな人でも、何年も一緒に生活すればそのドキドキはいつか必ずなくなります。逆にどんなシチュエーションでもドキドキできなくなります。人間の適応能力はこれほど優秀です。

ですので、面接やプレゼンなどの不慣れなことに緊張するのは当たり前なことなので安心し

てください。正常な反応です。あなただけではありません。むしろ緊張はプラスだと受け入れ歓迎しましょう。ただノルアドレナリンが過剰分泌しないようにすることだけ意識しましょう。

メンタルが弱く緊張してしまう人は「徹底した準備ができ集中力が高い」という強みを持った人が多いので、緊張と上手につき合えば成功できる可能性は十分にあります。

ぜひあなたが緊張をしてきたときには発想を切り替えて、緊張を歓迎しましょう。繰り返しますが、緊張は悪ではありません。上手に使いこなせば必ずあなたの力になります。簡単ではありませんが、少しずつやっていきましょう。

まとめ

「緊張しやすい」⬇「**徹底した準備ができる集中力が高い**」へ転換する方法

ステップ①【受け入れる】緊張はプラスだと受け入れ歓迎する
ステップ②【意識を変える】緊張は悪ではなく上手につき合えば武器になる
ステップ③【思考を変える】緊張はノルアドレナリンが過剰分泌していると認識する
ステップ④【行動を変える】ノルアドレナリンのコントロールを考え適応能力が利くまでチャレンジし続ける

※①〜④を繰り返して自動的にできるように癖づける

5-10

メンタルが弱い人こそ現代社会では最強である

ここまでメンタルが弱い人の弱点は強みに変えられるという話をしてきました。メンタルが弱いという特性を上手に活用できれば、武器に変えられ生きやすくなります。

① ネガティブに考えてしまう人	⇩	**深く思考ができ危機回避できる人**
② 傷つきやすい人	⇩	**相手の気持ちに寄り添える共感力が高い人**
③ 周囲の評価を気にしてしまう人	⇩	**自分を客観視でき周囲を分析できる人**
④ 完璧主義な人	⇩	**仕事への責任感が強くやり抜く力がある人**
⑤ 自分に自信がなく心配性な人	⇩	**謙虚で現実を直視しリスク管理ができる人**
⑥ 他人と比較して落ち込む人	⇩	**成長できるキッカケが多く成長性の高い人**
⑦ 緊張しやすい人	⇩	**徹底した準備ができる集中力が高い人**

このように上手に活用できればメンタルが弱い人だからこその強みに変えていけます。メンタルが弱いと自覚しているあなたもきっとこのような強みに変えられます。ただし、それはメンタルが強い人に変われるという意味ではなく、メンタルが弱いあなたが成長していくという意味です。

決して自分にないものを求めないでください。大切なのは自分が持っているものを受け入れて伸ばしていくというイメージです。ここを理解できないと現実とのギャップに潰されて挫折してしまいます。**つまり、メンタルが強い人にはない、メンタルが弱いあなただからこそのよさや強みがあるということです。**ここを忘れないでください。

メンタルが弱い人が実行してほしい4ステップ

①メンタルが弱い自分を受け入れる
②意識を変える癖をつける
③思考を変える癖をつける
④行動を変える癖をつける

この4ステップを少しずつ地道にやっていけば必ずあなたの人生は変わっていきます。これからの人生が生きやすくなります。ただし注意していただきたいのが、本書を読んだだけでは現実は変わらないということです。**大切なのは1つだけでもいいので行動し続けることです。ちょっとした意識の変化で未来は必ず変わります。**

「いやいや、こんなの簡単にできることじゃないし、ただの夢物語だよ」とあなたは思われたかもしれません。確かに簡単ではないですし、時間もかかりますし、意識を変える癖を定着させることは難易度が高いと思います。

だからと言ってあなたは何もせず行動しないのでしょうか?

正直に言えば、何もしないのが一番楽です。自分がやりたいことだけやって幸せならそれが一番だと思います。ですが、本書を手にとっていただいたということは、あなたは何かを変えたいと思っているのではないでしょうか? いまよりも幸せに暮らせるようになりたいと思っているのではないでしょうか? 本当にいま手放しで幸せな状態だと言えるのなら、本書を手にとる必要はなかったはずです。

・いまの仕事を変えたいけど勇気が出ない
・副業を始めたいけど何をすればいいか分からない
・メンタルが弱く転職できるか不安
・天職に出合い副業も成功させ経済的自由を手に入れたい
・メンタルが弱いからこその成功法を知りたい

おそらく人によって様々な目的を持って本書を手にとっていただいたと思います。**とくにメンタルが弱い人はその特性を上手に使いこなさなければ、結局何もしないまま終わることが多いです。そしていまの不満な人生の延長線上を歩むことになります。**

ですが、きっとあなたは変われるはずです。なぜなら、あなたは本が読める上位50％の向上心が高い人だからです。

文化庁が２０１９年に実施した「国語に関する世論調査」で１カ月に１冊以上本を読む人は全体の52・６％、本を読まない人は全体の47・３％ということが分かりました。**つまり日本人****の２人に１人は本を読まないということです。**

なお、本を読まない人の割合は世界的に見てもかなり高く、日本人の読書時間は先進国30カ国の中でも最低レベルです。**つまり年に1冊でも本を読むと日本人の上位50％に入るということです。**ですので、もしあなたのメンタルが弱かったとしても本書を読んでいるということは「成長性の高い、メンタルが弱い人」に当たると言えます。

おそらくこれからの日本経済は厳しい状況が続きます。そうなると国民一人ひとりの生活も厳しくなり、不機嫌な人が増え、ストレスを受けた人が八つ当たりをし、メンタル疾患や病気になる人が増え、経済的にも精神的にも余裕がない負のスパイラルから抜け出せない人が増えてくると思います。**そんな世界になっていくからこそ、メンタルが弱い人は自分の身は自分で守らなければなりません。この自己防衛の意識が大切です。**

僕は「人は誰でもいつからでも変われる」と確信しています。いままで2000人以上の転職サポートをしてきて、転職で未来がハッピーになった人を何人も見てきました。中でも長年転職サポートをしている人で、人間的にもキャリア的にも大きく成長された人は数え切れません。そんな成功をしてきた人たちは、決してメンタルが強い人ばかりではありません。むしろ成功している人は、どちらかと言うとメンタルが弱いタイプの人が多く、そういう人の方が後で大きく成功している印象が強いです。

ですのであなたもメンタルが弱かったとしてもネガティブにとらえず、本書の4ステップを少しずつ意識して実行しましょう。

①メンタルが弱い自分を受け入れる
②意識を変える癖をつける
③思考を変える癖をつける
④行動を変える癖をつける

繰り返しますが、メンタルが弱い人こそ特性を上手に活かせば、成長性が高いです。これはメンタルが弱い人こそ現代社会では最強だとも言えます。

簡単ではありませんが一緒に頑張っていきましょう。小さな一歩があなたの人生を変えてくれます。

第５章ポイントのまとめ

☆メンタルが弱い人ことは悪いことではなく、むしろ上手に活用できれば武器となる

☆メンタルの弱さを変えるステップは「①メンタルが弱い自分を受け入れる」「②意識を変える癖をつける」「③思考を変える癖をつける」「④行動を変える癖をつける」

☆メンタルが弱いのはもしかしたら「ＨＳＰ」という特性かもしれない

☆「ネガティブに考えてしまう人」は「深く思考ができ危機回避できる人」へ転換できる

☆「傷つきやすい人」は「相手の気持ちに寄り添える共感力が高い人」へ転換できる

☆「周囲の評価を気にしてしまう人」は「自分を客観視でき周囲を分析できる人」へ転換できる

☆「完璧主義な人」は「仕事への責任感が強くやり抜く力がある人」へ転換できる

☆「自分に自信がなく心配性な人」は「謙虚で現実を直視しリスク管理ができる人」へ転換できる

☆「他人と比較して落ち込む人」は「成長できるキッカケが多く成長性の高い人」へ転換できる

☆「緊張しやすい人」は「徹底した準備ができる集中力が高い人」へ転換できる

☆発想の転換に粘り強く取り組む姿勢があなたの人生をハッピーに変える

エピローグ

自分らしく楽しく暮らせるように

最後まで本書をお読みいただきまして、ありがとうございます。ぜひ本書でお話しした内容を実践していただき、あなたの人生が少しでも明るくハッピーになれば、著者としてこんなに嬉しいことはありません。そうなるよう心から祈っております。

本書でもいたるところで話していますが、転職活動でも、副業でも、パーソナルキャリアの向上でも、メンタルの弱さと上手につき合うことでも、**どんなことでも大切なのは「行動」×「改善」×「継続」です。**これが真理です。魔法はありません。人生は変えることができますが、いきなり変えることはできません。

最後に僕が最も伝えたいことをお話しさせてください。

これからは人生100年時代になると言われており、年金、医療、介護、雇用、人口減少、健康、貧困など、様々な問題が起こると言われています。このような問題は現実的に起こる可能性が高く、より不確実性の高い未来になっていくと思います。そして様々な種類の不安や不満が混濁している社会へすでになっていると感じています。

凄惨な事件、ネットの誹謗中傷、いじめ問題、パワハラ、リストラ、職業差別、児童虐待など、挙げればキリがないほど悲しいニュースに毎日出合います。とくにコロナウイルスの発生からより悲しいニュースが増えました。

このような悲しいニュースを見て「自分の仕事は大丈夫なのか？」「これからも安定した暮らしができるのか？」「いまの会社が倒産したら自分に仕事はあるのか？」と悩む人が増え、不安が不安を呼び、余裕がない人が増え、負の連鎖が起きているように感じています。また、コロナウイルスのような予測不能な事態が、いつ襲ってくるかは誰にも分かりません。

このような混沌とした時代をどのように生きるのか？　この漠然とした不安とどう上手につき合って生きていくのか？　この考え方が重要だと思います。

不安というのは逃げれば逃げるほど恐怖が増します。しかし、**不安に向き合って対処をしていけば、不思議なことに自然と恐怖は減っていきます。**人によっては不安で毎日怯えていたのに、きちんと向き合い対処をすることで好戦的になる人もいるくらいです。あなたもやらなければいけない仕事を先延ばしにして、毎日憂鬱で不安な気持ちだったのに、いざその仕事を始めてみれば大したことではなく、すぐに終わらせた経験はありませんか？　この感覚に近いです。

つまり何が言いたいかと言うと、**将来の漠然とした不安に怯えてもいいので、いまのうちから何か始めましょうということです。**

ただし、勘違いをしてほしくないのですが、「先が読めない時代だから高年収を目指し、たくさん稼ぎましょう」と伝えたい訳では決してありません。**僕が伝えたいのは「いつまでも自分らしく楽しく暮らせることを目指しましょう」ということです。**

そのために本書では、まず転職で天職に出合い、人生の充実度が上がる副業のマイビジネスを始めて、パーソナルキャリアで人間力を磨き、メンタルの弱さを強みに変えて、未来をハッピーにしましょうという提案をしました。これができれば間違いなくあなたの人生は少しずつ変わっていきます。

もしかしたら、あなたはこの話を聞いて「時間もかかるし面倒」だと思ったかもしれません。**そんな人に伝えたいのが「いまやれることを楽しみながらやっていきましょう」という言葉です。**

楽しくなければ続きません。また楽しもうとする気持ちがなければ楽しめません。

「楽しいから笑うのではなく、笑うから楽しいのだ」

これはアメリカの哲学者のウィリアム・ジェームズが残した名言ですが、まさにその通りだと思います。

ぜひあなたが本書で話した内容を楽しみながら実践して、これから苦しい時代になっていたとしてもあなたが「自分は幸せです」と笑って話せるように、いつまでもあなたらしく楽しく暮らせるようになることを心から祈っています。僕もまだまだ夢の途中です。

厳しい時代と言われていますが、戦時中のような命の心配まではない時代です。せっかく厳しくも多様性のある、生き方や働き方を選べる時代に生まれたのですから、先祖に感謝をして、この時代、この人生を、一緒に楽しみましょう。

この度は本書を手にとっていただきましてありがとうございました。また執筆をサポートしてくださった編集者の川辺秀美さんをはじめ、家族、友人、オンラインサロンメンバーの皆さんには本当に感謝をしています。皆さんの支えがあったからこそ、最後まで執筆することができました。本当にありがとうございました。

あなたの人生が「転職」「副業」でもっとハッピーになりますように。

池田佑樹

【著者略歴】
池田佑樹（いけだ・ゆうき）
メガネ転職コンサル 転職 YouTuber
グローリーフューチャー代表。転職コンサルタント歴 9 年目。転職相談者数 2,000 人以上。担当企業 300 社以上。求人サイト制作運営。転職コンサルタントとしての活動のほかは以下。YouTube コンサルティング。月間 7 万 PV を超える転職情報サイトの運営。テレビ放送局の動画配信番組への出演。Yahoo! ニュースなどの経済メディアへの記事執筆。転職オンラインサロン運営など。「転職で未来をハッピーに」をモットーに活動中。YouTube 登録者数 7.7 万人。

メンタルが弱《よわ》い人《ひと》は
「転職《てんしょく》」「副業《ふくぎょう》」で人生《じんせい》を変《か》える！

2021 年 8 月 1 日　初版発行

発行　**株式会社クロスメディア・パブリッシング**
発行者　小早川 幸一郎
〒151-0051　東京都渋谷区千駄ヶ谷 4-20-3 東栄神宮外苑ビル
https://www.cm-publishing.co.jp
■本の内容に関するお問い合わせ先 …………………… TEL (03)5413-3140 ／ FAX (03)5413-3141

発売　**株式会社インプレス**
〒101-0051　東京都千代田区神田神保町一丁目105 番地
■乱丁本・落丁本などのお問い合わせ先 ……………… TEL (03)6837-5016 ／ FAX (03)6837-5023
service@impress.co.jp
(受付時間　10:00 ～ 12:00、13:00 ～ 17:00　土日・祝日を除く)
※古書店で購入されたものについてはお取り替えできません

■書店／販売店のご注文窓口
株式会社インプレス　受注センター …………………… TEL (048)449-8040 ／ FAX (048)449-8041
株式会社インプレス　出版営業部 …………………………………………… TEL (03)6837-4635

カバーデザイン　萩原弦一郎 (256)
本文デザイン・DTP　安井智弘
校正　株式会社円水社
印刷・製本　中央精版印刷株式会社
ISBN 978-4-295-40579-5　C2034